公路工程施工与项目管理

文 迪 李智勇 杨增福◎著

吉林科学技术出版社

图书在版编目（CIP）数据

公路工程施工与项目管理 / 文迪，李智勇，杨增福
著. -- 长春：吉林科学技术出版社，2023.5
　　ISBN 978-7-5744-0440-3

　　Ⅰ．①公… Ⅱ．①文… ②李… ③杨… Ⅲ．①道路工
程 Ⅳ．①U415

　　中国国家版本馆 CIP 数据核字(2023)第 105718 号

公路工程施工与项目管理

作　　者	文　迪　李智勇　杨增福
出 版 人	宛　霞
责任编辑	王丽新
幅面尺寸	185 mm×260mm
开　　本	16
字　　数	271 千字
印　　张	12
版　　次	2023 年 5 月第 1 版
印　　次	2023 年 5 月第 1 次印刷
出　　版	吉林科学技术出版社
发　　行	吉林科学技术出版社
地　　址	长春市净月区福祉大路 5788 号
邮　　编	130118

发行部电话/传真　0431-81629529　81629530　81629531
　　　　　　　　　81629532　81629533　81629534

储运部电话　0431-86059116

编辑部电话　0431-81629518

印　　刷　北京四海锦诚印刷技术有限公司

书　　号　ISBN 978-7-5744-0440-3

定　　价　70.00 元

前　言

随着我国市场经济体制的建立和经济法规的逐步完善，公路建设的管理也纳入了法制化轨道。经过多年的实践和总结，我国在公路工程的项目管理方面基本上形成了一套较为系统的理论、经验和方法，造就了一支庞大的工程项目管理队伍，建成了一大批成功的公路工程项目，为我国的公路建设做出了巨大贡献。

公路建设是关系到民生的一项重要事业，其发展程度对于社会的发展有着重要的作用，因此，我们要重视我国的公路建设，提高公路的覆盖率，重视公路的建设质量。公路工程有效管理是工程当中的一项重要工作，其对工程质量的控制、评定及加快工程进度、降低工程造价都起着积极的作用。公路中的管理环节也是纷繁复杂的，随着我国经济的快速发展，公路在国家经济发展过程中的作用越来越重要，国家对公路的投资越来越大，因此，加强对公路工程的管理与实务分析，就显得非常有必要。

本书是公路工程方向的著作，主要研究公路工程施工与项目管理，本书从公路工程概述入手，针对路基施工技术、沥青路面施工、水泥混凝土路面施工，以及生态技术在公路工程建设中的应用进行了分析研究；另外，对公路工程招投标与施工合同管理、公路工程质量管理、公路工程施工安全管理做了一定的介绍；旨在摸索出一条适合公路工程施工与项目管理工作的科学道路，帮助该行业工作者在应用中少走弯路，运用科学方法，提高效率。同时，对公路工程施工管理也有一定的借鉴意义。

作者在撰写本书过程中，参考和借鉴了一些知名学者和专家的观点及论著，在此向他们表示深深的感谢。由于水平和时间所限，书中难免会出现不足之处，希望各位读者和专家能够提出宝贵意见，以待进一步修改，使之更加完善。

目　录

第一章　公路工程概述

第一节　工程项目管理概述

一、公路工程项目

（一）项目

项目是指那些作为管理的对象，按限定时间、费用和质量标准完成的一次性任务。从系统的角度来看，项目具有如下基本特征：

1. 一次性

项目的一次性是项目的最主要特征，也可称单件性。一次性是指没有与此完全相同的另一项任务，其不同点表现在任务本身与最终成果上。只有认识到项目的一次性，才能有针对性地根据项目的特殊情况和要求进行管理。

2. 目标的明确性

项目的目标有成果性目标和约束性目标。成果性目标是指项目的功能性要求，如一座钢厂的炼钢能力及其技术经济指标。约束性目标是指限制条件，期限、预算、质量都是限制条件。只有项目的目标明确了，才称得上是项目。

3. 整体性

一个项目是一个整体管理对象，在按其需要配置生产要素时，必须以总体效益的提高为标准，做到数量、质量、结构的总体优化。由于内外环境是变化的，所以管理和生产要素的配置是动态的。

每个项目都必须具备上述三个特征，缺一不可。重复的、大批量的生产活动及其成果不能称作"项目"。项目的种类按其最终成果划分，有建设项目、科研开发项目、航天项目及维修项目等。

（二）建设项目

建设项目是项目中最重要的一类。一个建设项目就是一项固定资产投资项目，既有基本建设项目（新建、扩建等扩大生产能力的建设项目），又有技术改造项目（以节约、增加产品品种、提高质量、治理"三废"、劳动安全为主要目的的项目）。建设项目是指需要一定量的投资，经过决策和实施（设计、施工等）的一系列程序，在一定的约束条件下以形成固定资产为明确目标的一次性活动。建设项目有以下基本特征：

1. 在一个总体设计或初步设计范围内，由一个或若干个互相有内在联系的单项工程（或单位工程）所组成的、建设中实行统一核算、统一管理的建设单位。

2. 在一定的约束条件下，以形成固定资产为特定目标。约束条件：一是时间约束，即一个建设项目有合理的建设工期目标；二是资源约束，即一个建设项目有一定投资总值目标；三是质量约束，即一个建设项目都有预期的使用功能、生产能力、技术水平及使用效益目标。

3. 需要遵循必要的建设程序和经过特定的建设过程，即一个建设项目从提出建设的设想、建议、方案、评估、决策、勘察设计、施工，一直到竣工、投产或投入使用，有一个严密有序的过程。

4. 按照特定的任务，具有一次性特点的组织形式，表现为投资的一次性投入，建设地点的一次性固定，设计单一、施工的单件。

5. 具有投资限额标准。只有达到一定限额投资的才作为建设项目，不满限额标准的称为零星固定资产购置。随着改革开放，这一限额在逐步提高，如投资 50 万元以上称为建设项目。

（三）公路工程项目

公路工程项目也称公路基本建设项目。公路工程项目除具有一般建设项目的特性外，其固有的技术经济特点有别于其他的工程项目，主要特点如下：

1. 公路工程项目一般属于线形工程，一个公路项目建设路段少则几公里，多则数十公里、数百公里，路线跨越山川、河谷，路线所经路段难以完全避免不良地质地段，如滑坡、软基、冻土、高填、深挖等路段，难以避免地形复杂路段，大桥、特大桥、长隧道、高大挡墙等结构物也不可避免。这使得公路项目建设看似简单，实际却比一般土木工程项目复杂得多。由于公路路线所经路段地质特性的多变性，使得公路路基施工复杂、多变性凸显，结构物施工也因地质条件的不确定性经常导致设计变更，工期延长，进度控制、质量控制、投资控制难度加大。

2. 公路工程项目构成复杂。公路工程项目的单位工程包括：路基土石方工程、路面工程、桥梁工程、隧道工程、互通立交工程、沿线设施及交通工程、绿化工程等。各单位工程中内容差异很大，如桥梁工程，根据不同的桥型，施工技术差异大。这决定了公路工程项目管理的技术复杂性和管理的综合性。

3. 公路工程项目形体庞大，施工过程多，工作面有限，决定了其工期长。高速公路的施工工期通常在2~5年。工期长意味着在工程建设中面临着更多的不确定性，承担着更大的风险。

4. 公路工程项目建设投资大。高速公路每公里造价一般在2000万~4000万元，有时甚至更高，一条高等级公路建设投资的巨大，由此可见一斑。工程建设巨大的资金需要量能否及时到位是保障工程按期完工的前提。巨大的资金投入对于决定投资活动的成功与否关系重大。为了保证其建设的实现，更要求高质量的工程管理，以确保项目的工期、投资/成本、质量目标的实现。

二、公路工程项目管理的概念

（一）项目管理

项目管理是为使项目取得成功（实现所要求的质量、所规定的时限、所批准的费用预算）所进行的全过程、全方位的规划、组织、控制与协调。项目管理的对象是项目。项目管理的职能同所有管理的职能均是相同的。需要特别指出的是，项目的一次性要求项目管理的程序性和全面性，也需要有科学性，主要是用系统工程的观念、理论和方法进行管理。项目管理的目标就是项目的目标。该目标界定了项目管理的主要内容，那就是"三控制、二管理、一协调"，即进度控制、质量控制、费用控制、合同管理、信息管理和组织协调。

（二）工程项目管理

工程项目管理是项目管理的一类，其管理对象是工程项目。它可以定义为：在工程项目的生命周期内，用系统工程的理论、观点和方法，进行有效的规划、决策、组织、协调、控制等系统性的、科学性的管理活动，从而按工程项目既定的质量、工期、投资额、限定的资源和环境条件圆满地实现工程项目建设目标。

（三）公路工程施工项目管理

所谓公路工程施工项目管理是指在公路项目建设中，施工企业利用工程项目管理的原理、方法、手段，针对公路工程项目施工活动的特点，对公路项目施工的全过程、全方位进行科学管理和全面控制，最优地实现公路项目施工的成本目标、工期目标及质量目标。

它主要有以下特点：

1. 施工项目的管理者是施工企业。建设单位和设计单位都不进行施工项目管理。一般地，施工企业也不委托咨询公司进行施工项目管理。由业主单位或监理单位进行的工程项目管理中涉及的施工阶段管理仍属建设项目管理，不能算作施工项目管理。监理单位把施工单位作为监督对象，虽与施工项目管理有关，但不能算作施工项目管理。

2. 施工项目管理的对象是施工项目。施工项目管理的周期也就是施工项目的生命周期，包括工程投标、签订工程项目承包合同、施工准备、施工和竣工交验等。

3. 施工项目管理的内容是在一个长期进行的有序过程之中，按阶段变化的。每个工程项目都按建设程序进行，也按施工程序进行，从开始到结束，要经过几年乃至十几年的时间。进行施工项目管理时间的推移带来了施工内容的变化，因而也要求管理内容随之发生变化。施工准备阶段、基础施工阶段、路基施工阶段、结构施工阶段、路面施工阶段、安装施工阶段、验收交工阶段等阶段的管理内容差异很大。

4. 施工项目管理要求强化组织协调工作。由于施工项目生产活动的单件性，对产生的问题难以补救；由于施工人员的流动性，需要采取特殊的流水作业方式，组织工作量很大；由于露天作业，工期长，耗资大；还由于施工活动涉及复杂的经济关系、技术关系、法律关系、行政关系和人际关系等。故施工项目管理中的组织最为艰难、复杂、多变，必须通过强化组织协调的办法才能保证施工顺利进行。

三、公路工程项目管理的内容和特点

公路工程施工项目，是以形成公路基础设施为目的，由建筑、工器具、设备购置安装、技术改造，以及与此相联系的其他工作等构成。它是以实物形态表示的具体项目。公路工程施工项目有质量、工期和投资条件的约束。其突出的特点可归纳为：一次性、唯一性、整体性、固定性、影响因素的不确定性和不可逆转性。

公路工程施工项目管理，是公路工程施工企业在公路工程项目施工活动中进行全过程、全方位的计划、组织、控制和协调，使工程项目在约定的时间和批准的预算内，按照要求的质量，实现最终的建筑产品，使项目取得成功。

（一）公路工程施工项目管理的内容

公路工程施工项目管理的内容是研究如何以高效益地实现项目目标为目的，以项目经理负责制为基础，对项目按照其内在逻辑规律进行有效的计划、组织、协调和控制，以适应内部及外部环境并组织高效益的施工，使生产要素优化组合、合理配置，保证施工生产的均衡性，利用现代化的管理技术和手段，以实现项目目标，并使企业获得良好的综合效益。

项目管理的目标就是项目的目标。项目的目标界定了公路工程施工项目管理的主要内容即进度管理、质量管理、成本管理、合同管理、安全管理、风险管理、采购管理和人力资源管理。

公路工程施工项目的生产要素有劳动力、材料、机械设备、技术和资金，这些要素具有集合性、相关性、目的性和环境适应性，是一种相互结合的立体多维的关系，这就说明项目是具有系统性的施工，施工项目管理是具有系统管理特点的。加强施工项目管理，必须对施工项目的生产要素详细分析，认真研究并强化管理。对施工项目生产要素进行管理主要体现在四方面：

1. 对生产要素进行优化配置，即适时、适量、比例适当、位置适宜地配备或投入生产要素以满足施工需要。

2. 对生产要素进行优化组合，即对投入施工项目的生产要素在施工中适当搭配以协调地发挥作用。

3. 对生产要素进行动态管理。动态管理是优化配置和优化组合的手段与保证，动态管理的基本内容就是按照项目的内在规律，有效地计划、组织、协调、控制各生产要素，使之在项目中合理流动，在动态中寻求平衡。

4. 合理地、高效地利用资源，从而实现提高项目管理综合效益，促进整体优化的目的。

（二）公路工程施工项目管理的特点

公路工程施工项目管理主要有以下几个特点：

公路工程施工项目管理的对象是公路工程施工项目，管理的实施者是公路工程施工企业和下设的施工项目经理部。设计单位、建设单位和监理单位虽然与施工项目有关，但都不能算作施工项目管理者。

公路工程施工项目管理是一项综合的系统工程。由于公路工程施工项目实施的复杂性，建设周期长，施工项目管理需要用系统工程的观念、理论和方法进行管理，具有全面性、科学性和程序性。

公路工程施工项目管理具有事先能动性。由于公路工程施工项目具有一次性特征，因而其项目管理只能在这种不再重复的过程中进行。为避免在某一项目上产生重大的失误，这就要求施工项目管理必须是事先的、能动的管理。

公路工程施工项目管理具有动态跟踪性。尽管施工项目管理的目标是明确的，但是由于公路工程施工项目影响因素的不确定性，这就要求施工项目管理必须对事先所设定的目标及相应措施的实施过程自始至终进行监督、控制、调整和修正。

第二节　公路工程基本建设程序

一、建设程序的作用和意义

道路基本建设必须遵守特定的程序，所谓基本建设，就是指把原材料转化为固定资产的过程。由于基本建设项目投资大，耗费资源多，投资期长，因此，必须依照一定的程序慎重地进行管理。

建设程序管理是国家对建设项目进行管理的手段。在社会主义市场经济的条件下，政府不一定直接介入工程建设，但可通过在建设程序上的管理达到宏观调控的目的。

工程的建设程序是多年建设项目管理经验的积累，是客观规律的总结。一般来说，任何工程项目的建设都要经过规划设想、可行性研究、勘测设计、工程实施和竣工验收等几个阶段，不可人为地忽略其中的某个阶段或改变其顺序，否则，不仅将造成宏观上的浪费，而且会导致盲目发展，甚至贻误地区经济的开发时机。

二、公路工程基本建设程序

按照当前法律法规和规章规定，一个公路建设项目一般需要工程可行性研究报告、城镇发展规划审查、水土保持方案论证、环境影响评价、用地预审、压覆重要矿产资源评估、地质灾害危险性评估、文物调查、防洪影响评价、地震安全性评价；通航安全影响论证；通航标准和技术要求审查；跨河方案审查，跨越铁路方案审查；勘察设计招标，初步设计审查、征用林地报批、征用草原报批、征用土地报批，施工图设计审查、施工和监理招标，办理质量监督手续，施工许可，重大和较大变更审批，交工验收，环保、水保、档案等专项验收（收费站、服务区等房建工程还要进行消防验收），决算审计，竣工验收，项目后评价等 25 个报批环节。个别环节在改建的小型公路工程中不涉及。

（一）工程可行性研究报告

项目工程可行性研究报告一般由交通运输主管部门根据公路发展规划和近期建设计划，委托具有工程咨询资质的单位编制。工程可行性研究报告主要论证项目建设的必要性、工程方案可行性、经济评价，通过论证后，确定工程建设标准、规模和投资估算。工程可研报告中的路线方案初步确定后，工程咨询单位要提供路线具体走向和方案，由建设单位委托有资格的单位编制水土保持方案、环境影响评价报告、用地预审报告、压覆矿产资源评估报告、地质灾害评估报告、洪水影响评价报告、地震安全性评价报告，跨河方案、涉航方案和跨越铁路方案，开展文物调查；这些专项研究工作一般要同步开展，相互交叉，互为印证。

当其中某一专项研究报告论证后需要调整工程方案时，必须及时告知其他专项研究报告的编制单位。为保证各专项研究报告与工程可行性研究报告方案一致，且衔接紧密，建议在委托工程咨询单位编制工程可行性研究报告时，可明确由可研报告编制单位负责牵头委托完成各专项研究报告的编制和论证，相关费用也一并商定。

（二）城镇发展规划意见

公路路线经过城镇时，工程可行性研究报告编制单位要书面征求城镇规划部门的意见，结合城镇发展规划确定路线合理走向。

（三）水土保持方案论证

《水土保持法》规定：在山区、丘陵区、风沙区及水土保持规划确定的容易发生水土流失的其他区域开办可能造成水土流失的生产建设项目，生产建设单位应当编制水土保持方案，报县级以上人民政府水行政主管部门审批，并按照经批准的水土保持方案，采取水土流失预防和治理措施。没有能力编制水土保持方案的，应当委托具备相应技术条件的机构编制。

目前，一般按项目立项的权限划分水土保持方案的审批权限，即国家立项的建设项目，由水利部审批，省发改委和省直部门批准的项目由省水利厅审批，其他项目由市、县水务局审批。

（四）环境影响评价

《中华人民共和国环境保护法》规定：建设项目的环境影响报告书，必须对建设项目产生的污染和对环境的影响做出评价，规定防治措施，经项目主管部门预审并依照规定的程序报环境保护行政主管部门批准。环境影响报告书经批准后，计划部门方可批准建设项目设计书。

规定：国家根据建设项目对环境的影响程度，对建设项目的环境影响评价实行分类管理。建设单位应当按照下列规定组织编制环境影响报告书、环境影响报告表或者填报环境影响登记表（以下统称环境影响评价文件）：

1. 可能造成重大环境影响的，应当编制环境影响报告书，对产生的环境影响进行全面评价。

2. 可能造成轻度环境影响的，应当编制环境影响报告表，对产生的环境影响进行分析或者专项评价。

3. 对环境影响很小、不需要进行环境影响评价的，应当填报环境影响登记表。生态环境部实施的《建设项目环境保护分类管理名录》中规定：三级以上等级公路、1000 米以上的独立隧道、桥长度 1000 米以上的独立桥梁等要编制环境影响报告书；三级以下等级公路，涉及环境敏感区的要编制环境影响报告表；其他公路工程要填写环境影响登记表。

（五）用地预审

《建设项目用地预审管理办法》规定了审批权限：建设项目用地实行分级预审。即由有审批、核准、备案权限的政府机关的同级国土资源管理部门预审。

对预审的实施阶段，第五条规定：须审批的建设项目在可行性研究阶段，由建设用地单位提出预审申请；须核准的建设项目在项目申请报告核准前，由建设单位提出用地预审申请；须备案的建设项目在办理备案手续后，由建设单位提出用地预审申请。对预审的有效期，建设项目用地预审文件有效期为两年，自批准之日起计算。已经预审的项目，如须对土地用途、建设项目选址等进行重大调整的，应当重新申请预审。

（六）压覆重要矿产资源评估

《中华人民共和国矿产资源法》规定：在建设铁路、工厂、水库、输油管道、输电线路和各种大型建筑物或者建筑群之前，建设单位必须向所在省、自治区、直辖市地质矿产主管部门了解拟建工程所在地区的矿产资源分布和开采情况。非经国务院授权的部门批准，不得压覆重要矿床。

（七）地质灾害危险性评估

《地质灾害防治条例》规定：在地质灾害易发区内进行工程建设应当在可行性研究阶段进行地质灾害危险性评估，并将评估结果作为可行性研究报告的组成部分；可行性研究报告未包含地质灾害危险性评估结果的，不得批准其可行性研究报告。（地质灾害易发区在各级政府公布的"地质灾害防治规划"中明确）。

（八）洪水影响评价

《中华人民共和国防洪法》规定：建设跨河、穿河、穿堤、临河的桥梁、码头道路、渡口、管道、缆线、取水、排水等工程设施，应当符合防洪标准、岸线规划、航运要求和其他技术要求，不得危害堤防安全，影响河势稳定、妨碍行洪畅通；其可行性研究报告按照国家规定的基本建设程序报请批准前，其中的工程建设方案应当经有关水行政主管部门根据前述防洪要求审查同意。前款工程设施需要占用河道、湖泊管理范围内土地，跨越河道、湖泊空间或者穿越河床的，建设单位应当经有关水行政主管部门对该工程设施建设的位置和界限审查批准后，方可依法办理开工手续；安排施工时，应当按照水行政主管部门审查批准的位置和界限进行。

（九）地震安全性评价

《中华人民共和国防震减灾法》规定：新建、扩建、改建建设工程，必须达到抗震设防要求。本条第三款规定以外的建设工程，必须按照国家颁布的地震烈度区划图或者地震参数区划图规定的抗震设防要求，进行抗震设防。重大建设工程和可能发生严重次生灾害的建设工程，必须进行地震安全性评价；并根据地震安全性评价的结果，确定抗震设防要求，进行抗震设防。

所称重大建设工程，是指对社会有重大价值或者有重大影响的工程。所称可能发生严重次生灾害的建设工程，是指受地震破坏后可能引发水灾、火灾、爆炸、剧毒或者强腐蚀性物质大量泄漏和其他严重次生灾害的建设工程，包括水库大坝、堤防和贮油、贮气、贮存易燃易爆、剧毒或者强腐蚀性物质的设施以及其他可能发生严重次生灾害的建设工程。通航安全影响论证《中华人民共和国海事局水上水下活动通航安全影响论证与评估管理办法》。

（十）勘察设计招标

一是时间安排问题。原则上应在工程可行性研究报告批复后，开展勘察设计招标工作，但目前因前期周期较短，交通运输部文件规定在工程可研上报审批部门后即可开展。二是高度重视招标文件的内容审定。要注意双方责任和义务的划分，特别约定完成时限、质量要求和违约责任（即合同条款）。各项目可考虑委托勘察设计单位完成各阶段的验收和报批（包括评审时相关费用）。要注意对投标人资质要求和合同段划分，以及评标方法。三是一定要依法进行。时间安排、评标专家抽取、评标地方、评标监督，择优选择，勘察设计是源头，好队伍是提高项目服务水平、降低投资的关键。勘察设计拟不招标的，一定在上报工可研报告时一并提出申请。

初步设计审批：初步设计主要是研究论证工程技术方案。原则上省发改委立项的项目，由省交通运输厅审批初步设计。对技术复杂项目，实行"双院制"审查，其他项目实行专家评审制。

（十一）决算审计

国家和省发展改革委批准立项的，一般由省审计厅或其委托地方审计部门、审计事务所审计，审计结论须由审计厅认定。

（十二）竣工验收缺陷

责任期满后，建设单位应申请质量监督部门进行质量鉴定，鉴定合格和优良的工程，可向初步设计审批部门申请竣工验收。具体要求和条件，《公路工程竣（交）工验收办法》和《公路工程竣（交）工验收办法实施细则》中都做出了明确规定。竣工验收是大多数建设项目最后的一道程序。通过竣工验收的项目可以正式交付使用。

（十三）项目后评价

项目建成投产多年以后，由交通运输主管部门，委托咨询单位针对工程可行性研究报告的结论，开展项目后评价工作。

第三节 公路建设与经济发展

一、概述

公路建设相对其他建设（水路建设、铁路建设等），具备很大的优势。特别是进行短途公路建设时优势更为明显，即便公路路线比较长，在采用高价值货品或鲜活货品建设方面其他建设也无法和公路建设相提并论。同时水路建设及铁路建设集散的主要手段也都是公路建设。就是因为公路建设的地位，地方经济的发展状况和公路建设的发展情况与建设力度有着密不可分的关系。同时公路建设的重要性也被极大地凸显出来。何为公路建设？公路建设就是和公路有关联的经济。公路建设的内涵几乎包含了公路与经济相联系的各方面。由于公路建设需要大量人力、物力，在一定程度上极大地促进了地方经济的增长。

同时，由于公路建设时涉及的面十分广泛，可以使得工程建材、商贸建设、饮食服务、劳务用工等一系列产业得到兴起和发展，大大地刺激了当地经济的发展进步。同时，在公路完成建设后的一段时间，由于道路的畅通使得车辆、货物及有关交通运输的信息量在短时间内大幅增加，使得第三产业得到了很大的发展，促使了旅游业的繁荣，大大地增加了城市或乡镇的知名度，提升了城市（乡镇）品位，同时进一步开放了城市（乡镇）。伴随着公路运输业的深化，城镇化的水平会得到很大程度的提升，大量流动资金涌入市场，招商引资的脚步更加稳健，极大程度上拉动了当地经济的发展。由于公路建设极大地推进了地方区域经济建设的脚步，这就使得地方区域经济发展的主要建设方式被确定为公路建设。但是区域地方经济的发展并不是一帆风顺的，可能要受到很多因素的影响，比如国家政策法规的约束，还有可能因自身地理环境不理想导致经济建设的缓慢。事实不仅如此，在进行区域经济建设的时候遇到的各种不一样的状况也会使得区域地方经济的建设受到很大的阻塞。所以进行公路建设时必须周全考虑综合分析地方的经济部署状况以及资源分配状况，同时还要顾及工农业发展的结构格局和中心城市的繁荣情况。另外，由于公路投资的特殊性，其自身就可以引发国内生产总值的增加，进一步扩充了有效需要的需求，使得各行业的稳定经济增长得到了保证。还有，区域经济想要快速地发展，离不开完备的设施作为自身发展的基础，而交通设施恰好占有了设施中相当大的一部分比重。其主要原因是由于我国国情所致，物品生产、货币流通两者的交换和消费的过程构成了我国经济整体系统的运行。由于公路建设是交通建设因素的关键组成部分，所以，即便在其他方面公路建设的影响力仍是十分巨大的。由此看来公路建设的作用是不言而喻的。另外，公路建设还决定了经济活动的区位，让原本不为人知的地方成了商业交易及投资商投资的热点区域，大大地促进了周围城市的发展，同时也使得周围的土地拥有了更为广阔的升值空间。伴随着建设的深入还有可能进一步开发公路沿线的潜在资源。再有公路的建设起到了良好的枢纽作用，沟通了同一城市的工业、人流、信息流之间的联系，使得地方的经济结构得到了优化，极大程度上缩短了城乡经济一体化的进程。

二、公路经济发展的主要矛盾分析

公路交通建设的初衷就是为了让国民经济更好地发展，让人民群众可以快速安全地出行，同时服务于新农村的建设。为了更好地实现这一目的，就要打破原本公路论的束缚，用战略的眼光谋划公路的整体发展，在保证经济稳定发展的前提下全面深入探讨研究公路的适应能力。以群众的目光审视交通需求，站在行业外审视公路建设发展存在的问题，研究解决方案。就目前情况分析，公路建设过程中仍存在如下问题：由于公路建设已经经历了较长的时间，始终沿着一个方向进行，在进行公路建设的时候难免形成思维定式，造成公路建设缺少新的经济理念的支撑，难以摆脱传统的道路桥梁建设养护的旧模式。再有，由于资金方面的限制造成公路建设的低投入，使得公路养护的资金短缺，长期以来，公路建设、管理、养护的配套经费落实难度大、路子窄。

三、加强公路工程建设，提升服务，促进公路经济发展

为了更好地发挥公路建设的作用，必须要以全新的角度、措施、观念及全新的机制来保证公路的建设。同时，公路建设在区域经济发展中处于领导作用已达到良好的效果。为了更好地实现以上目标，我们必须要站在经济发展的角度推进公路建设的进程。以经济均

衡发展的理念策划公路的发展方向，转换思维进一步优化经济结构。还要以公路经济理念抓公路建设，重视人才建设，积极引进先进的技术，同时，还要重视一体化的产品格局以及积极引导资金投入，把资金、技术、人才作为生产要素丰富公路沿线，尽可能短期形成产业互动发展以及城市乡镇经济互通的全新局面，还要注重统筹公路和产业结构的调整，把经济的发展方式、结构与转变和公路建设有机地结合起来。同时充分发挥公路所具有的纽带和载体的作用，使人力、物力、资金信息化朝着统一的方向跨地区、部门、行业快速整合发展。还要注重公路发展与公路的信息化建设，搞好公路信息网络工程配套设施以及货运客运附属设施的建设，改善公路网络质量促进公路信息的互通。另外，还要注重统筹公路发展与经济之间的发展，连通公路与大中型城市的经济、交通中心以及连接国道主干线、国省道干线。进一步加快城乡一体化进程，满足发展要求。要做好公路周围的经济建设，对公路沿线的商业贸易、金融保险、生活日用品、餐饮进行总体性规划。要支持公路建设的措施，为加快公路经济发展建立良好的前提条件，要深化改革公路的公共服务水平。为了能使中心城市的旅游资源得到良好的开发和保护，建设公路时必须优先考虑该方面的因素，开发有重要价值的公路。同时对于通往国家自治区、市旅游区名胜古迹的公路要加强建设以保证公路的安全和畅通。还要以经济的角度、理念看待公路建设，积极地推进"生产发展、生活富裕、生态文明"理念以更好地服务于加快公路建设，适应公路的发展，保证公路经济具备可持续发展的特性，贯穿"通过建设实现目的"的发展理念，做到公路发展与经济发展协调。以公路经济的思路服务于经济的全面发展，使公路交通的市场意识得到进一步的增强，同时还要树立为城乡群众服务的意识，使得群众可以顺利完成产前、产中和产后的目标，保证公路发展与生活富裕相互统一。处理好人民群众生产生活与发展的适应性，和超前性的整体经济发展与公路发展之间的关系，使用现代化的设备以保证公路交通建设的速度得到最大限度的发挥，提高公路建设水平。为更好地保证人们出行效率，以及货物运输的流畅性做出最大限度的努力。在生态文明与公路发展的关系上要做到统一协调，在公路建设中要把公路环境保护和生态保护及建设放在首要位置，搞好生态与公路发展的良性循环。

公路是区域经济发展的重要组成部分，是沟通地方经济发展的重要组成部分，不仅仅起到了桥梁的作用，更在多方面、多层次为其他行业的高速发展、促进高新技术引进、促进地方的招商引资做出了卓越的贡献。同时连通了多个区域和地方，使得公路周围生产的产品及生产总值得到了进一步的提升，加速了城镇化的进程，同时也使得各个企业生产规模的生产状况得到了很大程度的改善，更为重要的是伴随着沿线公路的建设，一些中小型城市、乡村经济逐步提升，农村向城市化转变的整体进程得到了逐步深入，让城市化发展的进程更加迅速，城乡发展的协调性有了很大的提升。

第二章　路基施工技术

第一节　路基工程概述

一、路基工程的基本结构

因为自然的地面高度不同，会有一定的起伏，路基布置与标高自然也会不同。但是不管怎样变化，都需要按照路线的平、纵、横设计来设定，这样就可以为路面提供足够宽度的平整基面。

路基会承受在上面行驶的车辆的重量，它一般会在路基顶面以下的 1.5 m 的范围内。这部分路基可以根据它所发挥的作用成为路面的基底层。强度与稳定性的要求需要根据路基面综合设计情况来设定。路基的质量直接关系到路面的强度与稳定性，还可以适当减薄路面厚度。由此可以看出路基路面的综合设计在整个路基工程的施工阶段中具有重要意义。

路基的设计应该符合当地的实际情况，根据当地的自然条件，设计出合适的施工方法，还要严格遵守相关规定与技术标准，这样才可以保障施工活动的科学性与合理性，确保资金合理使用。

在路基设计之前应该有充分调查研究，工作人员对于施工的地点与路线要有清晰的认知，包括地形、地貌、气象、水文、洪水位等，对于建筑的材料的特点、性质等也要有充分了解。实地勘察必不可少，这样结合收集的资料，相关工作人员就可以对现有的施工方案加以改进，不断增强施工方案的可行性。相关人员不仅要考虑技术上的可行，还要考虑经济上的可行，这样经过优化之后的方案才可以最终实行。

在路基整体的结构中还要加固与防护每一项附属设施，如基本的路基排水，甚至还包括取土坑、护坡道以及错车道等。

路基的几何尺寸由三项构成，即宽度、高度与边坡坡度。由于路基的标高与所处的地面的标高并不相同，再加上所经过的地方的路基岩土性质的不同，各处的附属设施的布置也就不同，这就造成了路基在不同地段的横断面形状各异。

对于超过规定范围的深挖路基，还有地质与水文等特殊条件的路基，为了确保路基具有一定的强度与稳定性，其横断面形式还需要进行特殊设计与验算，这是不可避免的。

二、路基工程的特点

路基会跨越不同的地形与地貌，是绵延千里的线性建筑物，其处于岩石之上，更处在风云变幻的大自然之中，主要特点为以下三个：

（一）建筑在岩土地基上的岩土结构

岩与土属于两种介质，还都属于不连续介质，具有空隙性与多项性。路基就是建立在岩土地基上的岩土结构。公路经过的不同地形与地貌，不同的地质条件就会产生不同的性质，即便是同一种岩土，也会在不同的自然条件中发生变化，这些都会影响路基施工。路基施工与圬工建筑物相比，它的稳定性更容易受到影响。

（二）完全暴露在大自然之中

公路所经过的地方，路基也会经过，路基会遇到各种不同的工作环境与自然环境。不管在什么时间都会受到这些自然环境的影响。可以说路基是完全暴露在大自然之中的。路基的设计、养护与施工，都会与自然环境相联系，不能将它们分离。

（三）同时受静荷载和动荷载的作用

路基上的道路重量是静荷载，行驶车辆的荷载属于动荷载。一般引起路基变形与损害的主要是动荷载。如果是以饱和的粉细沙与软土为基底的路基其损害会更加严重。在动荷载的作用之下，基床土抗剪强度会降低，很有可能会导致饱和沙土液化，软土变硬，使路基的强度与稳定性发生改变，最终被破坏。

在路基的设计中，不仅要考虑上述因素，还要考虑到静荷载与动荷载的影响。

除此之外，路基工程与其他的工程相比，具有工程数量大、投资大、占地面大等特点，还与城市规划、环境保护具有密切联系。

第二节　土质路基施工

一、填料选择

填筑路堤时，为确保路堤的强度和稳定性，通常会选取当地强度比较高、稳定性较好、透水性好的土石作为填料，常见的有碎石、砾石、卵石和粗沙等，之所以会优先选用这些石材，主要有以下几方面的原因：

1. 强度较高且不易变形，水稳性好。

2. 在填筑过程中不需要考虑含水量影响。

3. 分层压实后容易达到规定的施工质量。

如果不得已要用透水性不好，甚至不透水的土做路堤填料时，则需要特别注意以下几点：

1. 如所用土为黏土，则必须要在达到最佳含水量的前提下，进行分层填筑并充分压实。

2. 切记不可用水稳性和冰冻稳定性都比较差的粉质土作为路堤填料，尤其在一些季节性冰冻地区。

3. 低于 5 m 的路堤，可用黏质土或高液限黏土作为填料，前提是必须采用水平分层填筑方式，并按照规定的密实度进行压实处理。

二、基底处理

所谓路堤基底，就是指被清理后的路堤所在的原地面，它属于自然地面的一部分。在对路基进行处理时，应充分考虑基底的土质、水文、坡度、植被及路基高度等因素，以确保路基的整体强度和稳定性。因此，在处理路基时，以下几方面需要特别注意：

1. 务必将原地面的临时排水工作做好。对于易积水的地方，用土填平后还应按规定压实。排出的雨水不能冲刷到路基，也不得流入农田和耕地，更不能引起淤塞。

2. 如果路堤基底的原状土已经无法满足强度要求，则应立刻进行换填处理，所挖深度应大于 30 cm，并分层找平压实。

3. 在填筑矮路堤时，填筑高度应与路基工作区接近或者相等。为了进一步提高路基的强度和稳定性，应对矮路堤进行挖除种植土、换土、挖松、压密，加铺沙砾石垫层等处理。

三、填筑方式及机械配置

（一）水平填筑

在填筑土质路堤时，一般会将路堤划分成若干水平层次，之后再依次向上填筑，这种填筑方式即为水平填筑。在填筑时，应从底层开始填筑，每填筑完一层都要进行压实处理，指导压实度达到要求之后再进行下一层填筑。如果需要用不同土质来进行填筑，则必须严格遵守填筑工艺要求。水平填筑主要包括以下几方面要求：

1. 如果用透水性不是很好的土来填筑路堤底层，则应在表面做成 4% 的双向横坡。

2. 为了使路堤内部的水分得到充分蒸发，则在填筑路堤时，应在中上层使用透水性较好的沙砾类材料。

3. 透水性不同的土不能混在一起进行填筑。

4. 对不同土质的层位进行合理安排，比较优良的土应填筑在路堤上层，强度较低的土填在下层。

5. 当用不同土质填筑公路纵向的路堤时，必须在不同土质的交接处做成斜面，以免发生不均匀变形。除此以外，一些透水性比较差的土应该填筑在斜面下方。

（二）竖向填筑

所谓竖向填筑指的就是在施工时将填料沿路线纵向在坡度较大的原地面上倾填，形成倾斜的土层，碾压密实之后，再逐层向前推进。

当出现以下情况时，可以考虑采用竖向填筑。

1. 原地面纵向坡度大于 12%。

2. 路线所经过的地段跨越深谷或者局部地面有比较陡的横坡。

3. 地面高差比较大。

（三）混合式填筑

所谓混合式填筑路堤主要是指下层用竖向填筑，上层用水平填筑的一种填筑方式。这种填筑方式可以有效确保上部填土的密实度。其作业方式主要是根据填料运距、填筑高度、工程量等因素来确定。

1. 对于取土填土高度小于 3 m 的路堤，可用推土机推填、平地机整平，达到最佳含水率之后，再用压路机压实。

2. 如果所填筑路堤的填方量比较集中，当填料运距大于 1 km 时，可用松土机翻松，用挖土机或装载机配合自卸汽车运输，料运到作业面后用平地机整平，配合洒水车和压路机压实；当填料运距在 1 km 范围内时，可用铲运机运土，辅以推土机开道、翻松硬土、平整取土段清除障碍及推土。

四、路堑开挖

（一）横挖法

对于一些短而浅的路堑，需要采用横挖法，即从路堑的一端或两端，在横断面范围内向前开挖。当路堑比较浅时，一次挖到设计标高的开挖方式称为单层横挖法。若路堑较深，为增加作业面，以便容纳较多的施工机械形成多向出土以加快工程进度，而在不同高度上分成几个台阶同时开挖的方式称为多层横挖法，各施工层面具有独立的出土通道和临时排水设施。

采用人工的方式开挖路堑时，施工台阶高度应为 1.5~2.0 m。采用机械开挖路堑时，台阶高度一般为 3~4 m。如果运距比较近，可用推土机开挖；如果运距比较远，可用挖掘机与自卸汽车相互配合进行开挖，也可以用推土机堆土后，再安排自卸汽车运土。需要注意的是，在开挖时，还同时需要配备人工或者平地机来进行分层修刮和边坡整平。

（二）纵挖法

所谓纵挖法指的就是开挖时沿路堑纵向将开挖深度内的土体分成厚度不大的土层依次开挖。

1. 分层纵挖法

该方法适宜于路堑宽度和深度均不大的情况，在路堑纵断面全宽范围内纵向分层挖掘。

当遇到以下情况时，宜采用推土机作业：第一，开挖地段的横坡较陡；第二，开挖长度小于 100 m；第三，开挖深度小于 3 m。

如果开挖路堑的长度大于 1000 m，则需要用铲运机或者同时配合使用推土机来进行作业。

2. 通道纵挖法

该方法适宜于路堑较长、较宽、较深而两端地面坡度较小的情况。开挖时先沿纵向分层每层先挖出一条通道，然后开挖通道两旁，通道作为机械运行和出土的线路。

如果开挖的路堑很长，可在一侧适当位置将路堑横向挖穿，把路堑分为几段，各段再采用纵向开挖的方式作业，这种挖掘路堑的方法称为分段挖掘法。这种挖掘方式可增加施工作业面，减少作业面之间的干扰并增加出料口，从而大大提高工效，适用于傍山的深长路堑的开挖。

用推土机开挖路堑时，每一铲挖地段的长度应以满足一次铲切达到的满载为佳，一般为 5~10 m。铲挖时宜下坡进行，对于普通土，下坡坡度不宜小于 10%，但不得大于 15%；傍山卸土时应设向内稍低的横坡，但同时应留有向外排水的通道。当采用铲运机开挖路堑时，铲运机在路基上的作业长度不宜小于 100 m，宽度应能使铲斗易于达到满载。当采用铲斗容量为 4~8 m³ 的拖式铲运机或铲运推土机时，运距一般为 100~400 m；当铲斗容量为 9~12 m³ 时，运距宜为 100~700 m。

（三）混合式开挖法

混合式开挖法是将横挖法与纵挖法混合使用。首先会采用纵挖法沿路堑开挖通道，之后就会采用横挖法，从通道开始沿着横向坡面挖掘。这样做的目的就是增加开挖坡面，从而可以使每个坡面都能够容纳一个施工作业组或一台施工机械。

路堑开挖应严格按照自上而下的方式进行，不得超挖、滥挖。在对边坡稳定性不产生任何影响的前提下，为了进一步提高开挖效率，也可采用小型爆破的方式。

在开挖的过程中一旦发现土质变化，应立刻修改施工方案和边坡坡度。路堑路床的表层土若为有机土、难以晾干或其他不宜做路床的土时，应用符合要求的土置换，然后按路堤填筑要求进行压实。

五、路基压实

（一）压实质量要求

路基的压实质量一般是通过土的密实度来衡量的，用压实度来表示路基的压实标准。合理确定压实度，对保证路基的强度和稳定性、技术的可行性、工程经济性都有非常重大的意义。但是在实际施工中，压实度几乎无法达到100%。

在达到最佳含水量的情况下才能进行路基压实，并且不同土质的各种指标值也要在施工前半个月进行测定，选取有代表性的土样进行试验，并且每种土都至少要取一组土样。如果在施工过程中土质发生了变化，则应立刻取土样补做试验。

路基不同层位压实度要求也有所不同，相比于下部，上部的压实度要求会更高。一些等级较高的路面，压实度要求也就越高。

（二）土质路堤碾压

在选择碾压机械时，应对各方面因素进行综合考虑，主要包括工程规模、场地大小、填料类别、压实度要求、气候条件、工期要求及土质等。如果填料为细粒土、沙类土或砾石土，施工时应通过摊开晾晒或适当洒水等方式使土的实际含水量达到最佳含水量的 ±（1%~2%）之后再进行碾压。如果需要人工洒水，则应对洒水量进行估算。洒水工作完成后，须等到水分完全渗入到土中之后再进行碾压。

此外，应根据土的种类、实际含水量、压实度要求等来确定压实遍数。对于高速公路和一级公路，在进行碾压时宜使用振动压路机或者35~50 t 的轮胎压路机。

六、路基整修、检查验收与维修

（一）路基整修

1. 土质路基的整修

在整修土质路基表面时，切土、补土工作一般是在人工和机械相互配合的情况下完成的，同时用压路机碾压。对于加深的路堑边坡，切记不可在边坡上贴补，应自上而下进行削坡整修。超出设计标高的填土应用平地机刮平，陆地两侧超出涉及高度的部分也要切除。

2. 边坡加固与整修

应在边坡加固地段预留加固位置和厚度，如果边坡被冲刷成沟槽，则应从下往上分层挖台阶进行填筑和夯实。如果在非加固边坡地段，可用种植土进行填补并种植花草。如果出现冲沟和坍塌缺口，则应从下往上进行加宽填补、压实，并按设计坡面修坡。

（二）检查验收及质量标准

1. 中间检查

中间检查应按照设计文件和施工规范来进行，每完成一个分部分项工程都需要进行中间检查，比如在处理完路基原地面之后，要对基底的处理情况进行检查等。

需要注意的是，以下工序完成后必须进行中间检查验收，合格之后才能开始下一工序的施工。

①路基渗沟回填土前。

②路基换土工作完成后。

③各类防护加固工程基坑开挖后。

2. 竣工验收

对路基进行竣工验收时，应对以下项目进行检查、验收。

①路基的平面位置、路基宽度、标高横坡和平整度。

②边坡坡度及加固设施。

③边沟等排水设施的尺寸及沟底纵坡。

④防护工程的修建位置和各部尺寸。

⑤填土压实度及表面弯沉。

⑥取土坑、弃土堆、护坡道、截水沟、渗水井等的位置和形式。

⑦隐蔽工程施工记录等。

3. 质量标准

（1）土方路基

土方路基施工应符合下列质量要求：

①路基必须分层填筑压实。

②表面平整坚实。

③无软弹和翻浆现象，路拱合适。

④排水良好。

⑤土的压实度、强度和路床的整体强度符合设计要求。

（2）路肩

在进行路肩施工时，应做到以下几点：

①表面平整、密实、无积水；

②边缘顺直；

③曲线圆滑。

（3）地表排水设施

边沟、截水沟或排水沟应线条顺直曲线圆滑，沟底平整，排水畅通。浆砌片石加固体，砂浆应密实饱满，配合比符合设计要求。边沟勾缝平顺，缝宽均匀，无脱落现象。沟渠断面应均匀平整无凹凸不平现象，沟底无积水。

（三）路基维修

路基施工完成以后，在以下情况下，如果路基发生损坏，则施工单位应该负责维修。

1. 路面施工前。

2. 公路工程初验后至竣工验收终验前。

此外，施工单位还应确保路基排水设施完好，如果排水设施中出现淤积物和杂草，则应及时清理。对于已经停工很长时间，或者暂时不打算做路面的路基，应保持排水通畅，复工前还应整修路基的各分项工程。要确定路基表面光滑、保持规定的路拱，才能开始路面施工。如果路堤遭到雨水冲刷，要及时进行修补和加固；如果发生沉降，则应查明原因，采取恰当的处理措施，并进行记录。

此外，还应及时清理路堑边坡塌方。未经加固的高路堤和路堑边坡及潮湿地区的土质路基边坡上的积雪应及时清除，以免危害路基。路基构造物应时刻保持稳定，一旦出现变形要及时修复。如果在路基完工后遇到持续大雨、暴雨天气，或者正处于积雪融化期，则应禁止施工机械和车辆在土质路基上行驶，在不得不通行的情况下，则应及时排干积水，并进行整平、压实。

第三节　石质路基施工

一、填石路堤施工

（一）填石路堤材料选择方面要求

1. 石料强度值要求

通常情况下，在选择填石堤时所需石料的强度值应大于 15 MPa，而对于护坡过程中所需要的石料强度值应大于 20 MPa。

2. 石料最大粒径要求

填料最大粒径不宜超过分层压实厚度的 2/3。

3. 石料性质要求

当石料性质存在较大差异时，应将不同性质石料进行分层或分段填筑（以现场实况为准）。除此之外，还可使用挖出的混合石料填筑，但这种情况仅限于所利用的隧道弃渣岩石或路堑挖方岩石为不同岩种互层时。需要注意的是，即便是使用混合石料进行填充，也要注意粒径及石料强度要求。

被暴露在大气中多时且风化速度较快的石料不可用于填石路堤中，若不得不用这些石料或是软质岩石作为填石路堤材料的情况下，需要对其进行 CBR 值检测，若 CBR 值检测的结果符合填土材质标准，便可以使用，但在使用过程中需要按照土质筑堤的技术要求进行施工。若 CBR 值检测结果没有达标，则禁止使用。

4. 高速公路、一级公路石料要求

对于其他公路填筑材料要求，高速公路和一级石路所需要的石料要求会更高一些，首先需要以高速公路和一级石路填石路堤床顶为准，向下延伸 50 cm 的范围内，都需要使用符合路床要求的土进行填筑，这里所需土的大粒径要控制在 10 cm 以内，填筑过程中，需要进行分层压实。

其他公路在进行填石路堤的过程中，首先需要以该公路路床顶为准，向下延伸的 30 cm 范围内，都需要使用符合路床要求的土进行填筑，其所需要的填料大粒径应控制在 15 cm 以内。

（二）填筑工艺

在对石路进行填筑的过程中，填石路堤与土质路堤的基底处理是相同的。对于高速

公路、一级公路及铺设高级路面的其他公路的填石路堤，需要进行分层式填筑和分层式压实。在陡坡段，当施工困难或大量爆破开挖进行填筑时，铺设中、低等级路面的路堤下部可用倾斜充填方式填筑，但路床底面以下 1 m 范围内应改为水平分层填筑、分层压实。

要想保证路堤边坡的稳定性，就需要在倾填之前做好铺垫的前期准备工作，并且铺垫材质的选择是极其重要的，其粒径应大于 3 cm，且应使用硬质石料码砌路堤边坡。当码砌宽度大于 2 m 时，路堤边坡的高度应高于 6 m；当码砌宽度大于 1 m 时，路堤高度应在 6 m 以下；高速公路和一级公路填石路堤填料的分层松铺厚度应小于 50 cm，其他公路则需要小于 1 m。

在进行层状堆填时，石料运输路线首先需要按照由低到高的施工组织计划安排；其次需要进行先两侧后中央卸料，并用大型推土机水平分层，摊铺平整；最后其他个别不平处用人工以细石块、石屑找平。

在施工过程中，难免会遇到填料级配较差的情况（填层较厚、粒径较大、石块间的缝隙较大等），因此为了保证填石路堤的稳定性和强度，可采用水沉积法填筑路基。当然，这种方法只能在水源较为丰富的情况下进行使用。这是因为工人将石渣、石屑、中粗砂等扫入石块间空隙中后，须用压力水把这些细材打入到填料层下部，这样反复多次，直至填满石材的空隙。

（三）压实及质量控制

施工时应通过压力试验确定压实至所需压实度的压实次数（夯实次数）。压实试验应使用大于 12 t 的振动压路机进行压实试验，如果压实层的顶面稳定且不再下沉，表面无凹凸，则可确定已被压实。对于适宜压实厚度是否符合具体施工需要，实际工程中一般会采用试压来做进一步确定，它的最大厚度通常小于 50 cm。但如果所采用的是重型振动压路机压实的话，其厚实度可允许在 1 m 以内。

在进行压实作业过程中，应先从路堤两侧开始进行碾压，而后再压中间部分；压实路径平行于纵向反复进行碾压，碾压轮迹应重叠 40~50 cm；前后相邻施工段的衔接处应重叠碾压 100~150 cm。使用夯锤夯实时，需要达到规定密实度后，向后移动一个夯锤位置，因此需要呈弧状布点。

填石路堤压实到要求的密实度所需碾压（夯实）遍数应通过试压确定。石料的紧密程度可用 12 t 以上振动压路机进行压实检验，若压实层顶面稳定，不再下沉，表面无轮迹，则可判定为已碾压密实。

用重型夯锤夯实时，以重锤下落时不下沉而发生弹跳现象为达到密实度要求。高速公路及一级公路填石路堤路床顶面以下 50 cm（其他公路为 30 cm）范围内的压实度要求与土质路堤相同。

二、石质路堑开挖

（一）爆破法开挖

该方法主要是利用炸药的爆破能量将土石炸碎，以便于后期的挖运，也可以借助爆破的方法来改变土石位置。用这种方法开挖石质路堑具有工效高、速度快、劳动力消耗少、施工成本低等优点。

对于岩质坚硬，不可能用人工或机械开挖的石质路堑，通常采用爆破法开挖。

根据炸药用量的多少，爆破法分为中小型爆破和大爆破，其中使用频率最高的是中小型爆破，大爆破的应用则受多种因素限制。例如，开挖山岭地带的石方路堑时，若岩层不太破碎，路堑较深且路线通过突出的山嘴时，采用大爆破开挖可有效提高施工效率。但如果路堑位于页岩、片岩、砂岩、砾岩等非整体性岩体时，则不应采用大爆破开挖。尤其是路堑位于岩石倾斜朝向路线且有夹砂层、黏土层的软弱地段及易坍塌的堆积层时，禁止采用大爆破开挖，以免对路基稳定性造成危害。

爆破对山体破坏较大，对周围环境也有较大影响，因此必须按有关施工规范和安全规程进行作业，严格按设计文件实施。通常事先应进行试爆分析，用试爆分析结果作为指导施工的依据。

（二）松土法开挖

松土法开挖的过程是，首先，用推土机将岩体返送；其次，用推土机或装载机与自卸汽车合作，将松散岩体运输至指定位置。

松土法挖掘从根本上避免了爆破作业的危险性，除此之外，还能在一定程度上稳定挖方边坡和确保附近建筑设施的安全。由此可见，若可以使用松土法进行挖掘，就应避免使用爆破法施工。

随着大功率工程机械的使用，松土法在石质路堑开挖中的应用越来越多，开挖效率也呈逐渐上升趋势，采用松土法施工的范围被逐渐扩大。

岩体破裂面情况及风化程度直接影响到松土法开挖的效率。当岩体已裂成小石块或呈粒状时，松土只能劈成沟槽，效率较低；岩体被破碎岩石分隔成较大块体时，松开效率较高。

沉积岩的沉积层，如砂岩、石灰岩和页岩，是相对容易释放的岩石，沉积层越薄就会松动。释放的程度取决于破裂表面的发育程度。花岗岩、玄武岩、安山岩等岩浆岩不呈层状或带状，松开比较困难。

多齿松土动装置适用于松散破碎的薄层岩体，单齿松土动装置适用于松散厚层岩体。松土器型号及松土间隔应根据岩石的强度、裂隙情况、推土机功率等选择，最好通过现场松土器劈松试验来确定。遇到较坚硬的岩石，松土器难以贯入，引起推土机后部翘起或履带打滑时，可用另一台推土机在松土器后面顶推。坚硬完整的岩石难于翻松，可先进行适当的浅孔松动爆破，再进行松土作业。

（三）破碎法开挖

破碎法挖掘是利用破碎机对岩块进行凿岩后，进行组装、搬运等作业。该方法的原理是将凿子安装在推土机或挖掘机上，通过活塞的冲击作用在钻岩中产生冲击力，打碎岩石。破碎岩石的能力取决于活塞功率的大小。破碎法主要用于岩体裂缝较多、岩块体积小、抗压强度低于 100 MPa 的岩石，考虑到挖掘工作的效率，该方法可以在无法使用上述两种方法的地方使用。

三、坡面防护工程施工

路基石质差时，在雨水、风力、温度变化、冻结等自然因素的作用下，会出现风化、剥落、脱落等病害，严重时甚至会出现较大的滑动、变形、塌陷等损伤，因此路基边坡的保护技术及措施不可忽视。一般的保护措施将按当地气候、水文、土地、地质条件和建筑材料的分配来选定。

（一）抹面与捶面

1. 抹面与捶面定义

抹面是人工将水泥灰浆或多接合土等材料置于坡面，最终将边坡进行封闭，从而对坡面起到一定保护作用的方法。捶面是将多合土及其他相关材料，经过系列捶击、拍打后，最终使其贴于坡面上，形成一个紧密的保护层来保护路基边坡的方法。

2. 抹面与捶面使用年限

（1）抹面使用年限。

抹面的使用年限为 8~10 年，厚度为 3~7 cm，施工时应分两次进行，底层抹全厚的 2/3，面层抹全厚的 1/3。

（2）捶面使用年限。

捶面的使用年限为 10~15 年，厚度为 10~15 cm，等厚式截面是它使用较为频繁的方式。如果遇到较高的边坡时，可采用上薄下厚的截面形式。在施工过程中，应均匀捶打使多合土与坡面贴紧、粘牢，最终要达到厚度均匀、表面光滑的程度。

3. 适用的岩石边坡

没有被严重风化的、软质的岩石边坡是抹面较为适用的，该方法除了对坡面的干燥度有要求外，对边坡的坡度是没有限制的；捶面与抹面正好相反，捶面适用于比较容易被风化剥落的岩石及土质边坡，且要求边坡的坡度应小于 1∶0.5。

4. 抹面与捶面使用须知

抹面与捶面的面积较大时，对缝隙有一定的要求，其缝宽度应控制在 1~2 cm，缝距应控制在 10 m 以下；在进行抹面与捶面施工过程中，需要将没有受到防护接触的边坡四周进行封闭，坡脚一般会用一道高 1~2 m 的浆砌片石来防护墙壁。

5. 施工前期准备

在进行抹面或捶面施工前，需要将被施工坡面清理干净，确保表面是平整的、湿润的、密实的。

（二）喷浆及喷射混凝土

1. 喷浆及喷射混凝土定义

将水泥砂浆或混凝土喷洒在边坡上，用喷涂设备进行保护，使其形成砂浆或混凝土保护层，防止边坡风化，这便是喷浆及喷射混凝土。

2. 适用的岩石边坡

这两种方法适用于易风化、坡面不平、裂隙和节理发育的岩石边坡。对于高陡、上部岩层破碎、下部岩层相对来讲比较完整的边坡及需要大面积防护的边坡而言，使用该方法进行防护是最为经济的。

3. 喷浆及喷射混凝土使用须知

喷浆防护所用的砂浆强度不应低于 M10，厚度为 5~10 cm。喷射混凝土强度不应低于 C15，混凝土中集料最大粒径不超过 15 mm，厚度为 10~15 cm，分 2~3 次喷射，喷层厚度应均匀。喷射混凝土护坡与无防护边坡的接缝应严格封闭，以免因水入渗而对保护层造成破坏，坡脚还要做一道 1~2 m 高的浆砌片石护坡。

4. 施工前期准备工作

在喷射或喷浆混凝土施工前期，应当先将岩体表面冲洗干净，防止太多泥土或灰尘，如果边坡上有比较大的裂缝或是凹陷时，需要将其进行修补，且修补须牢固。将菱形金属网或强度聚合物土工格栅放置在边坡上制备喷射混凝土时，要用锚杆将混凝土保护层的土工格栅固定在边坡上，从而提高混凝土保护层的整体强度，增强喷射混凝土与边坡连接，提高防护效果。

使用时首先需要将锚杆孔内冲洗干净，然后再将锚杆插入其中，最后注入水泥砂浆。菱形金属网或土工格栅与锚杆之间的连接应牢固可靠，与边坡保持规定距离的同时，还要注意不可外露。该项工作严禁在大雨或冰冻季节进行喷射作业。

（三）灌浆及勾缝

1. 灌浆及勾缝定义

灌浆是在开挖坚硬岩石边坡后，及时将水泥砂浆或混凝土灌入裂缝之中。勾缝是指用砂浆将相邻两块砌筑块体材料之间的缝隙填塞饱满。在灌浆或勾缝过程中，应尽量避免水分渗入岩石裂隙，防止最后造成病害，与此同时，这样有利于外观改善。

2. 适用的岩石路堑边坡

裂缝较深较大且十分坚硬的岩石路堑边坡是灌浆所适用的施工对象；不容易被风化、裂缝多且细、节理发育、坚硬度为中等值的岩石路堑边坡是勾缝所适用的施工对象。

3. 施工前期准备

对岩体坡面进行灌缝或勾缝时，应先将缝内冲洗干净。灌浆用水泥与砂浆的配比为 $1:4$ 或 $1:5$，裂缝很宽时可用体积比为 $1:3:6$ 或 $1:4:6$ 的混凝土灌注并振捣密实，灌至缝口并抹平。

勾缝时用水泥与砂浆的配比为 $1:2$ 或 $1:3$ 或水泥、石灰与砂浆的配比为 $1:0.5:3$ 或 $1:2:9$。施工后坡面应平整、密实、线形顺适。

（四）护面墙

1. 护面墙主要作用

防护墙能防止和控制严重的边坡变形，适用于易腐蚀的土质边坡和软岩开挖边坡。护面墙可采用现浇混凝土作为护面墙，除此之外，还可以使用片石、块石、混凝土预制构件以砂浆砌筑。

2. 护面墙使用须知

砌筑砂浆强度不应低于 M5，寒冷地区不应低于 M7.5；混凝土强度不应低于 C5。护面墙基础应设置在稳定的地基上，埋深应根据地质条件确定，在冰冻地区应设置在冰冻线以下不小于 0.25 m 处，墙趾应低于边沟铺砌底面。

四、路基石方爆破

(一) 爆破原理

开挖石质路堑最有效的方法要属爆破法,即用炸药自身爆炸时候的能量,将岩体破碎或岩块抛移到埋想的施工位置。爆破所使用的炸药称为药包,放置在岩体内部或外部,根据药包的形状和集结程度的不同,可将其分为三种类型,即分集药包、集中药包、延长药包。药包爆破岩石的原理:假定药包在无限介质(岩体)内爆炸,炸药在瞬间转化成气体状爆炸产物,体积增加数千倍乃至上万倍,形成高温高压,产生的冲击波以每秒数千米的速度自药包中心按球面等量扩展,传递到周围介质,在介质内产生各种不同程度的破坏和振动作用,这种作用随距药包中心距离的增大而逐渐消失。

药包在有限介质内爆炸后,在临空面的表面会出现一个爆破坑,一部分被炸碎的土石将被抛出坑外,一部分仍回落到坑底,爆破坑形状类似漏斗,故称爆破漏斗。

炸药用量应与爆破的岩石体积相适应,炸药用量不足,将达不到预期的爆破效果;炸药用量过多,除造成经济上的浪费外,还会影响路基边坡的稳定性和施工安全。因此,爆破前应将爆破范围内的地形、地质情况调查清楚,合理选择爆破方法。

(二) 常用爆破方法

爆破方法一般分为中小型爆破和大爆破。中小型爆破包括裸露药包法、炮孔法(钢钎炮、深孔炮)、药壶法(葫芦炮)、猫洞炮等。大爆破为洞室炮,炸药用量在 100 kg 以上应根据工程量的大小和集中程度、地形、地质及路基横断面形式等因素确定经济适用、安全可靠的爆破方法。

1. 裸露药包法

这种方法是将药包置于爆破岩石表面,或放入整理好的石缝中,药包表面在被草坪、土或橡胶条网覆盖后爆破。这种方法存在着一定局限,因为炸药的使用率相对来说不是很高,因此这种方法大多数情况下会被用于大块岩石的二次爆破或是用来爆破一块单独的石头。

2. 药壶法(葫芦炮)

药壶法俗称葫芦炮,该方法在钻孔时经一次或多次烘堂后扩大成葫芦形,爆破时先将少量炸药装入炮孔底部,这样炸药将基本集中于炮孔底部的药壶内,使爆破效果大大提高。药壶法炮孔深度常为 5~7 m,装药量为 10~60 kg,适于开挖均匀致密的黏土(硬土)、次坚石、坚石。药壶炮每次可炸岩石数十方到百余方,是中小型爆破中最省炸药的方法。一般布置在有较大较多临空面、地面横坡较陡的地段，但不宜靠近设计边坡布设，药室至设计边坡线的水平距离不可小于最小抵抗线。炮孔烘堂后应将药室内的碎渣掏尽。

3．猫洞法

将集中型药包放置在深度为 2～6 m、直径为 20～50 cm 的水平或略微倾斜的炮洞底部进行爆破，这便是猫洞法。这种方法的特点是充分利用岩体的崩坍作用，能用较浅的炮洞爆破较高的岩体，适用于硬土、胶结良好的古河床、冰渍层、软石和节理发育的次坚石等，爆破也可以利用硬石的裂缝形成一个孔或装药室。

（二）选用各种爆破方法的原则

爆破方法各有特点，应因地制宜、利用地形地质等客观条件，充分发挥各种爆破方法的优势，尽可能综合使用各种爆破方法，达到爆破方量大、炸药用量少、路基边坡稳定的最佳效果。选用爆破法应按以下原则进行：

1．全面规划，重点设计

对拟爆破的路基石方应根据工程量大小和集中程度、微地形变化、横断面形式及地质条件所允许的爆破规模等，结合各种爆破方法的特点进行全面规划，合理确定各地段应采用的爆破方法和实施方案。对石方较集中的地段应进行重点设计。

2．做好爆破顺序设计

前期进行的爆破应在后续爆破中创造条件，增加临空面，提高爆破效果。

3．综合利用小群炮，进行分段或分批爆破

①路线横切山坡时，可用炮孔炮三面切脚，改造地形后，再在中间用药壶炮进行爆破。

②斜坡地形的半填半挖路基，可采用沿路线纵向布置的一字排炮进行开挖。对于自然地面坡度较缓的地形，可先用炮孔炮切脚，改造地形后再用一字排炮。

③对于路基较宽、阶梯较高的地形，可采用上下互相配合的小炮群。

④对拉槽路堑，从两头开挖时，可采用竖眼揭盖、水平炮扫底的梅花状方式布置炮孔。

⑤爆破后采用机械清方的挖方作业，如遇坚石，采用眼深 2 m 以上的炮孔炮组成 20～40 个的多排多层群炮或深孔炮进行爆破，从而使岩石破碎程度满足清方要求。此外，采用微差爆破和间隔爆破也很容易满足机械清方要求。若遇软石或节理发育的次坚石，可采用松动爆破。

五、施工安全

爆破施工安全包括施爆区内参与爆破施工的人员安全和施爆区内的物资安全，还有警戒范围内的其他人员和物资安全。为了避免发生事故，组织爆破施工时应遵守相关标准，并特别注意以下几点：

①应根据实际地形、地质及路基横断面等条件采取合理的爆破方案，正确进行爆破设计并上报有关部门审批。

②所有的爆破作业均应由操作熟练、受过专业培训并取得爆破资格的人员进行。

③严格各种爆破器材的储运和管理，各工序必须严格按操作规程作业。

④严格在爆破区域进行安全警戒和安全检查，及时疏散危险区的人员、牲畜、设备和车辆，对不能疏散的建筑物采取保护和加固措施。

⑤起爆后应由专业人员进行安全检查，确认无拒爆、瞎炮后方可解除警戒。

⑥实施大爆破施工作业时，应由专门设立的机构全面负责组织、指挥、协调和安全等方面的工作。

第四节　路基的排水与防护工程施工

一、路基的排水设施

（一）边沟

挖方路基及填土高度低于路基设计要求临界高度的路堤，在路肩外缘均应设置纵向人工沟渠，其被称为边沟。边沟的主要功能在于排除路基用地范围内的地面水，包括路面、路肩和边坡流水。边沟断面形式主要有梯形、矩形、三角形等。

（二）截水沟

截水沟是设置在挖方路基边坡坡顶以外或山坡路堤上方，用以截引路基上方水流流向的排水设施。设置截水沟有利于减缓地表径流的冲刷和侵蚀，减轻边沟泄水负担。降水量较少、边坡较低、坡面坚硬的地段，可不设截水沟；降水量较多、边坡较高、坡面松软、水土流失严重的地段，应设置截水沟。

（三）排水沟

排水沟用于将路基范围内的各种水流引至桥涵或路基范围外的指定地点。当路线受到多段水道或沟渠影响时，应设置排水沟调节水流，减缓路基的水流冲刷和侵蚀。排水沟一般为梯形，尺寸经水力水文部门计算后确定。

（四）跌水与急流槽

跌水用于降低流速和削减水的能量，一般设置在需要排水的高差较大而距离较短或坡度陡峻的地段。急流槽是具有很陡的坡度的水槽，用于距离较短、高差较大的地段。一般在重丘、山岭地区，地形险峻，排水沟渠纵坡较陡，水流湍急，冲刷力强，为减小其流速，降低其能量，防止对路基造成危害，要求跌水与急流槽应稳固耐久，并使用浆砌块石或水泥混凝土预制块砌筑。

（五）盲沟

设在路基边沟下面的暗沟被称为盲沟，其目的是拦截或降低地下水。盲沟造价通常高于明沟，发生淤塞时，疏通困难，甚至需要开挖重建。设置在边沟下的盲沟主要用于降低水位，防止出现翻浆或冻胀。盲沟设置在地面以下，起引排、集中水流的作用。简易的盲沟结构主要由粗粒碎石、细粒碎石及不透水层组成。

（六）渗沟

渗沟是将地下水渗透汇集在沟内，将水排到指定地点的排水设施。渗沟具有截断和引排地下水，提高坡面稳定性的作用。在路基中，浅埋的盲渗沟在 2~3 m，深埋时可达 6 m以上。渗沟按结构形式的不同可分为填石渗沟、管式渗沟和洞式渗沟。

（七）渗井

渗井是在地层中开凿立式孔洞，将地面水和上层地下水引向更深的地下层，符合自然渗水规律，是一种立式地下排水设施。渗井一般采用直径 50~60 cm 的圆形，井内填充料应使用筛洗过的不同粒径的材料，并按单一粒径分层填筑，不得粗细材料混杂填塞。井壁和填充料之间应设反滤层。

（八）检查井

为检查维修渗沟，每隔 30~50 m 或在平面转折和土坡坡度由陡变缓处宜设置检查井。检查井一般采用圆形，内径不小于 1.0 m。检查井的井底应铺设一层强度达到 5 MPa，厚度为 0.1~0.2 m 的混凝土。井口顶部应高出附近地面 0.3~0.5 m，并设井盖，井框、井盖、进口周围无积水。

二、路基排水设施施工

（一）边沟施工

1. 放样路基边桩

当路基土方完成并达到设计标高后即可整修边沟，并放出路基边坡边桩。直线路段的路基边桩应每隔 10~20 m 设一桩，曲线段应每隔 5~10 m 设一桩，同时要保证路基边坡线平滑顺直。

2. 放样边沟边线

由于边沟施工时路基已成型，因此可根据路基边缘线桩，先定位沟底左边线。通常做法是按路基中桩对应桩号，定位边沟内底边和中线，再按边沟底宽放出沟底外边缘线，最后放样整个沟形尺寸。

3. 挂线并且刷坡

定出边沟控制样桩后用白灰标出控制线，然后开始刷坡。采用机械刷坡时，应预留 20 cm 由人工清除，以保证边坡的密实度。采用人工刷坡时，应用坡度尺测量边坡坡度，以保证内边坡的外观线形。

4. 开挖沟槽夯实

在坡顶及坡脚处，应根据设计要求开挖沟槽同时进行夯实。在边坡完工后，按照设计图纸和施工规范要求进行施工，如先铺设土工布，再用混凝土加固边沟时，土工布要尽量与坡面贴敷紧密，防止悬空，保持平整。

5. 边沟底面操平

施工时，每 10~20 m 要沿着边沟沟底钉以竹钉或钢筋桩，分别测定桩顶和桩底的标高。计算各桩位的理论标高，并挂线整修夯实边沟底面。

6. 边沟挂线整修

当边沟的尺寸和底坡都符合要求后，进一步整修。如需要加固时，检查是否预留加固尺寸。加固前，检查沟底和内外边坡是否要进一步夯实。断面尺寸与沟底纵坡都应符合设计要求。

7. 加固边沟断面

①土质路基地段，当边沟纵坡大于 3% 或经过急弯陡坡地段，土质路基边沟冲刷严重时，一般采用混凝土或浆砌片石加固。边沟经过土质和地质不良地段时，宜采用浆砌石或

混凝土等加固。

②用干砌片石加固时，应选用有平整面的片石，各砌筑缝隙要用小石块嵌紧。浆砌时应注意石料的错缝咬码，石料衔接处不留空洞，砌筑砂浆要饱满。为防止不均匀沉降，每隔一定距离要设置沉降缝，缝内用嵌缝材料填实，确保沟身不漏水。

8. 出口处理方法

①边沟和填方衔接出口处理。边沟与填方的衔接出口应设置跌水或急流槽，将水直接引到边坡外。

②边沟与涵洞衔接出口处理。当使用涵洞将沟水引出路基范围以外时，在进口前应设置跌水或急流槽，将水流引入涵洞。

③边沟与沟渠衔接处理。水引出路基时，应防止水流冲刷路基边坡，可用浆砌石或混凝土加固，引水渠到自然沟渠。加固边沟和自然沟渠衔接处，在引水沟渠出口处设置深度不低于 1 m 的截水墙。

（二）截水沟施工

1. 平面定位放样

平面定位放样是按照截水沟的设计位置和尺寸放样截水沟。首先放样截水沟轴线，再放样整个沟形尺寸。

2. 开挖截水沟

截水沟可根据坡面土质情况，采用合适的开挖方式。当采用爆破施工时，要注意不能危及路基安全。

3. 纵面底面操平

截水沟开挖到一定深度时，用水准仪沿截水沟底面打桩，进行操平挂线，以确定出沟底纵坡。

4. 开挖土方处理

截水沟开挖出的土石方，要在路堑坡顶与截水沟之间的下坡一侧堆置，并整理成一定的尺寸和形状，除此之外还需要对弃土堆进行夯实。弃土堆坡脚离开挖方路基坡脚不应小于 10 m，台顶筑成 2%倾向截水沟的横坡。

5. 防渗漏加固

截水沟应进行防渗漏加固，以避免水流冲刷和下渗。透水性大、土质松软及裂缝较多的路段，尤其要注意采用加固措施。

（三）排水沟施工

1. 布置要求

①线形要求：直线处应做成直线形，转弯处应采用弧线形。

②排水沟位置：排水沟的具体位置与地形有关，排水沟沿线路布设时，应设置在距离路基较远的位置。

③排水沟长度：排水沟长度根据实际需要而定，通常不小于 500 m。

2. 施工要点

①平面定位放样：按照排水沟的设计位置和尺寸放样排水沟，首先放样排水沟轴线，再放样整个沟形尺寸。

②开挖排水沟：可根据坡面土质情况，采用合适的开挖方式。当采用爆破施工时，应注意控制超控与欠挖，且不要危及路基安全。

③纵面底面操平：排水沟开挖到一定深度时，用水准仪沿排水沟底面打桩，进行操平挂线。

④排水沟间衔接：由于排水沟的主要功能是排除各种沟渠的水流，因此为了排水顺畅，其应与当地的水系规划协调，特别是平原微丘区的排水沟，沟渠走向和沟底纵坡要合理布置。与此同时，流量选择和核算要满足排水需要，衔接处要做铺砌并做截水墙，同时做好防漏处理。

⑤排水沟加固：如用干砌片石加固时，应选用有平整面的片石，各砌筑缝隙要用小石块嵌紧；砌筑时，注意石料的错缝咬码，石料斜接处不留空洞，砌筑砂浆要饱满，沟身不得漏水。

三、路基的防护类型

（一）坡面防护

坡面防护一般用于保护路基边坡表面，使其免受雨水冲刷，减缓温差及温度变化的影响，防止和延缓软弱岩土表面的风化、碎裂和剥蚀演变进程。坡面防护不仅能维持坡面的整体稳定，还能调和和美化环境。常见的坡面防护类型包括植物防护、浆（干）砌片石及混凝土预制块、坡面处置及综合防护等。

（二）冲刷防护

冲刷防护可分为直接防护与间接防护，用于防护水流对路基的冲刷。直接防护主要包括砌石防护和植物防护；间接防护主要包括设置防洪堤、拦水坝、改变河道、疏浚河床等。

（三）支挡建筑物

支挡建筑物主要用于维持路基的稳定性，防止路基位移或变形。常见的支挡建筑物主要包括石垛、土垛和挡土墙等。

四、路基防护工程施工

（一）植物防护

1. 植物防护

①植被种植后，应及时进行养护管理，直至植被成活。

②保持草籽撒播均匀，并做好保护措施。

③应在恰当的季节栽植植物。

④禁止使用含有阻碍草木生长成分的养护用水，如盐、碱、酸、油等。

2. 三维植被网防护

①整修坡面：路基土方施工完毕后应定出路基边坡边桩和坡脚桩，要保证边坡线顺直平滑，再用白灰标出控制线。放出边桩和坡脚桩后，开始刷坡。采用挖掘机刷坡时，要预留 20 cm 宽由人工清除，保证边坡的密实度；采用人工刷坡时，要用坡度尺检查边坡坡度，保证边坡外形。

②开挖沟槽：根据设计要求，要在坡顶或坡脚开挖沟槽，每次开挖的沟槽不应过长，防止风沙、雨水等破坏路基边坡。

③覆盖网片：在边坡完工后，要按照设计图纸和施工规范要求，及时进行人工铺设 EM3 型三维植被网；覆盖网时，先将网置于边坡沟槽内，然后从坡顶到坡脚依次进行铺设。

④固定网片：网片覆盖后，应使用钢钉或竹钉进行固定，并将三维网预埋在沟槽中，填土夯实。

⑤覆盖黏土：在三维网固定后，在网上覆盖黏土并用木条刮入一层细土，使 pH 值适中的薄土进入网包。

⑥撒播草籽：撒播草籽要在无风且气温在 15℃ 以上的天气进行，避免在干燥的大风季节和暴雨季节播种。

⑦再次覆土：草籽撒播后，应在三维网上覆盖一层薄层土，并使土均匀盖住草籽。

⑧表面覆盖：为了让草籽尽快发芽，必须保证土壤湿润，使之具有适宜草籽生长的温度。为此，边坡面上应采用纤维布或稻草、秸秆等进行覆盖。

⑨浇水养护：草籽种植后，应及时浇水、施肥，直至草籽成活，并覆盖坡面为止；为防止草籽分布不均匀而影响覆盖率和坡面美观，浇水时最好采用雾状喷施，防止形成径流；在养护期内，应有效地养护所有种植面上的植物，直到养护期结束。

（二）工程防护

1．封面防护

①不宜在寒冷冬季和雨天进行封面防护。

②封面防护前，应将岩体表面清洗干净。

③封面厚度应符合设计要求，分两层进行封面防护施工，其中面层厚度应占全厚的1/3，底层厚度应占全厚的2/3。

④大面积封面防护中应每隔5~10 m设置一伸缩缝。

⑤封面初凝后宜立即进行养护。

⑥应根据设计要求做好排水与封顶措施。

2．捶面防护

①清理坡面：捶面前应清理坡面上的松土和浮石，填补裂缝和坑凹，在土质坡面上，为使防护更为牢固，可挖锯齿或小台阶。

②洒水湿润：坡面要先洒石灰水湿润，捶面夯拍打时用力要均匀，提浆要及时，提浆后2~3 h进行洒水，然后养护3~5天。

③捶面维护：使用中要经常检查，发现开裂和脱落时要及时修补。

3．喷浆防护

①修整坡面：先刷坡清理，使边坡尽量平整，无浮石面。

②设置锚钉：锚钉用直径12~14 cm、长30~50 cm的钢筋制作，用凿岩石机械打眼插入或利用天然裂隙打入，再用水泥砂浆锚固，孔距为1~1.5 cm，呈梅花形布置，锚钉外露3~5 cm，用于挂土工格栅。

③喷洒底浆：其目的是使原来凸凹不平的坡面尽量喷平，底层水泥砂浆的水泥用量较面层少些，水灰比为0.5左右，砂浆呈黏状为宜，并应添加速凝剂。

④固定格栅：待底浆达到一定的强度后，即可挂上土工格栅网。挂网自上而下，依此将土工格栅固定在锚钉上，使之尽量贴紧坡面，土工格栅下端，应用重物拉伸后固定，防止格栅外鼓。

⑤喷面层浆：面层浆或混凝土的强度要求比底层高，操作也是按自上而下的顺序进行，一般要喷 2~3 次，直到格栅完全覆盖，并再加喷 2~3 cm 的保护层，初凝后即洒水养生。

（三）挡土墙防护

1. 重力式挡土墙

①施工时应将基底表面风化、松软土石清除。

②硬质岩石基坑中的基础，宜满坑砌筑。

③雨季在软质岩石或土质基坑中砌筑基础时，应及时封闭坑底，并设置排水措施。

④采用台阶式基础时，台阶应与墙体连在一起同时砌筑，台阶壁与砌体之间的缝隙砂浆应饱满。

⑤基坑应随砌筑分层回填，并在表面留 3% 的向外斜坡。

2. 悬臂式挡土墙

①施工时应根据设计要求开挖凸榫，并与墙底板一起灌注混凝土。

②宜一次完成整体混凝土浇筑，墙的面板、地板及钢筋宜一次绑扎，分段浇筑时，应预设好钢筋，连接处应严格凿毛。

③当混凝土灌注后，墙体强度达到设计要求的 75% 即可进行墙背填土，根据设计要求分层填筑、压实。

3. 锚定板挡土墙

①应在拉杆使用前进行取样实验，埋在土中的拉杆应进行防锈处理。

②应保持肋柱在吊装时不前倾。

③埋设锚定板和拉杆，应先填土后挖槽就位。挖槽时，锚定板的挖槽位置应高于设计位置 30~50 mm。锚定板前方超挖部分宜用 C10 水泥混凝土或灰土回填夯实，严禁直接碾压拉杆和锚定板。

④锚定板和肋柱上的锚头和螺丝杆应进行防水和防锈处理。

⑤应按照设计要求封闭分级平台，并设置 2% 的外倾排水坡。

第三章　沥青路面施工

第一节　沥青类路面施工基础知识

一、沥青类路面基本特性及分类

（一）基本特性

沥青路面是通过各种方式将沥青材料与矿料均匀混合，经铺筑后形成路面面层并与其他各类基层和垫层共同组成路面结构的统称。由于使用沥青做结合料，矿料间的黏结力获得很大增强，提高了混合料的强度和稳定性，使路面的使用性能和耐久性都得到提高。与水泥混凝土路面相比，沥青路面具有表面平整、无接缝、行车舒适、耐磨、振动小、噪声低、施工期短、养护维修简便、适宜分期修建等优点，因而获得非常广泛的应用。沥青路面属于柔性结构，面层抗拉强度较低，其整体强度和稳定性在很大程度上取决于土基和基层的特性，因而要求基层和土基必须具有足够的强度和良好的稳定性。由于沥青是一种典型的感温性材料，在夏季高温时沥青路面会出现软化现象，导致在行车荷载作用出现车辙、雍包、推挤等变形和破坏；在冬季低温时，沥青路面的抗变形能力会降低，有时会出现低温开裂现象。因此，必须选用质量符合要求的原材料并进行合理的混合料组成设计，采用先进的施工设备和工艺组织施工，以此获得质量满足设计和施工技术规范要求的沥青路面。

（二）沥青路面的分类

根据施工工艺的不同，沥青路面可分为层铺法施工的沥青路面、路拌法施工的沥青路面和厂拌法施工的沥青路面三种。

1. 层铺法施工的沥青路面与封层

层铺法施工是将沥青分层洒布、矿料分层撒铺，然后碾压形成沥青面层的施工方法。其主要优点是工艺和设备简便、功效较高、施工进度快、造价较低；缺点是结构强度低、使用寿命短、路面成型期较长，需要经过炎热季节经行车碾压之后路面才能最终成型。根据铺装时所采用的具体工艺、结构层厚度、适用条件的不同，又分为沥青表面处治、沥青贯入式和碎石封层等类型。

沥青表面处治路面是指用沥青和矿料按层铺法铺筑而成的、厚度一般为 1.5~3.0 cm 的沥青路面。表面处治可做成单层或多层，优点是摩擦系数大，表面构造深度深，有利于车辆行驶安全。此外，它还具有良好的抗温度开裂性能。沥青表面处治适用于三级、四级公路的面层、旧沥青面层上加铺罩面或抗滑层、磨耗层等。

沥青贯入式路面是靠矿料颗粒间的锁结作用以及沥青的黏结作用获得所需的强度和稳定性，采用层铺法施工，厚度通常为 4~8 cm（用作基层时，厚度可达 10 cm），也称为沥青贯入碎石。当沥青贯入式路面的上部加铺拌和的沥青混合料时，称为上拌下贯，此时，拌和层的厚度宜为 3~4 cm，其他厚度为 7~10 cm。沥青贯入式路面适用于做二级及二级以下公路的沥青面层。若沥青贯入碎石设在沥青混凝土面层与半刚性基层或粒料基层之间时成为连接层，也可做路面基层使用。

碎石封层同样采用层铺法施工，施工工艺和工序与沥青表面处治相同，但要求结合料有较大的黏结强度和稳定性，一般情况下要求使用改性沥青，使用粒径严格单一的石料，对石料的洁净度和针片状含量要求高。施工时用机械洒布沥青和撒铺石料，对施工机械的要求比较高。这使路面成型后具有较大的构造深度，有利于行车安全。

根据碎石撒铺工艺的不同，碎石封层分为异步碎石封层和同步碎石封层两种。异步碎石封层工艺是先由沥青洒布车洒布沥青，而后由碎石撒铺机撒铺石料，两个工序在同一点间隔 10 min 左右，最后用压路机碾压成型。同步碎石封层施工则是洒布沥青和撒铺集料由一台设备同时完成，两个工序在同一点间隔几秒钟，最后用压路机碾压成型。除了简化工序的优点外，同步碎石封层最大的优点是能够在沥青保持高温时撒布石料，从而有效地保证两者之间的黏结。

2. 路拌法施工的沥青路面

路拌法是指在路上用人工或机械将矿料和沥青材料就地拌和、摊铺、碾压密实后形成沥青结构层的施工方法。路拌法施工时，通过就地拌和，沥青材料在矿料中的分布比层铺法均匀，可以缩短路面的成型期。但因所用矿料为冷料，须使用黏稠度较低的沥青材料，故混合料的强度较低。比较典型的路拌法施工沥青路面为乳化沥青碎石混合料路面，这种沥青路面适用于做三、四级公路的沥青面层、二级公路养护罩面以及各级公路的调平层。

3. 厂拌法施工的沥青路面

厂拌法施工的沥青路面是用不同粒径的碎石、天然砂（或机制砂）、矿粉和沥青按一定比例在拌和机中热拌所得的拌和物（称为热拌沥青混合料，HMA），然后在规定温度范围内运到工地并用摊铺机摊铺，再碾压成型的沥青路面。这种混合料的矿料具有严格的级配，当这种混合料被压实达到规定的强度和孔隙率后，就称作沥青混凝土。沥青混凝土具有很高的强度和密实度，常温下还具有一定的塑性。它的强度和密实度是各种沥青矿料混合料中最高的。沥青混凝土透水性小，水稳性好，有较强的抵抗自然因素影响和行车荷载作用的能力，使用寿命长，耐久性好。

（1）按混合料强度构成原理不同可分为级配密实型和嵌挤锁结型。

级配密实型沥青混合料的矿料级配按最大密实原则设计，其强度和稳定性主要取决于混合料中沥青与矿料的黏聚力，矿质颗粒之间的摩阻力处于次要地位。设计孔隙率较小的密实式沥青混凝土混合料（以 AC 表示）和密实式沥青稳定碎石混合料（以 ATB 表示）就属于这一类型。此类混合料沥青用量通常较大，强度受温度影响明显，但抗渗水性、耐久性较好。

嵌挤锁结型沥青混合料采用颗粒尺寸较大且级配较为均一的矿料，细集料和填料较少，形成开级配沥青混合料。如半开级配沥青碎击混合料（以 AM 表示）、大孔隙开级配排水式沥青碎石混合料（以 OGFC 表示，设计孔隙率可达到 18% 以上）就属于这一类型。这种沥青混合料路面的强度和稳定性主要依靠骨料颗粒之间相互嵌挤、锁结作用所产生的内摩阻力，沥青与矿料的黏聚力相对较小，起次要的作用。嵌挤锁结到沥青混合料路面比级配密实则沥青混合料路面的高温稳定性要好，但因孔隙率大，易渗水，因而耐久性相对较差。

（2）按材料组成及结构分为连续级配沥青混合料、间断级配沥青混合料。

连续级配沥青混合料的矿料具有连续、光滑的级配曲线。若矿料级配组成中缺少一个或几个粒径档次（或用量很少），则成为间断级配沥青混合料。

（3）按矿料级配组成和孔隙率分为密级配、半开级配、开级配混合料。

若矿料具有连续级配、设计孔隙率为 3%～6% 时称为密级配沥青混合料。若矿料由适当比例的粗集料、细集料及少量填料（或不加填料）组成，标准马歇尔击实成型试件的孔隙率为 6%～12%，即为半开级配沥青碎石混合料。若沥青混合料采用颗粒尺寸较大且较为均一的矿料、细集料和填料较少，设计孔隙率达到 18% 甚至更大，即为开级配沥青混合料，如大孔隙开级配排水式沥青碎石混合料。

（三）沥青路面的选择与应用

各种沥青类路面的选择使用，一方面要根据任务要求（道路的等级、交通量、使用年限、修建费用等）和工程特点（施工季节、施工期限、结构组合状况等），另一方面还应考虑材料的供应情况、施工机具、劳力和施工技术条件等因素。

沥青混凝土是适合现代交通的一种优质高级面层材料。铺筑在坚硬基层上的优质沥青混凝土面层可使用 20~25 年，国外的重交通道路和高速公路主要采用这种面层形式。我国《公路沥青路面施工技术规范》规定：高速公路、一级公路的表面层、中面层、下面层应采用沥青混凝土，二级公路的表面层宜用沥青混凝土。

密级配沥青混凝土混合料（AC）适用于各级公路沥青面层的任何层次；沥青玛蹄脂碎石混合料（SMA）适用于铺筑新建公路的表面层、中面层或旧路面加铺磨耗层，设计孔隙率 6%~12% 的半开级配的沥青碎石混合料（AM）仅适用于三级及三级以下公路、乡村公路，且沥青混合料拌和设备缺乏添加矿粉装置和人工炒拌的情况；设计孔隙率 3%~6% 的粗粒式及特粗式密级配沥青稳定碎石混合料（ATB）适用于基层；设计孔隙率大于 18% 的粗粒式及待粗排水式沥青稳定碎石混合料（ATPB）适用于基层；设计孔隙率大于 18% 的细粒排水式沥青稳定碎石混合料（OGFC）适用于高速行车、多雨潮湿、不易被尘土污染、非冰冻地区铺筑排水式沥青路面磨耗层。开级配排水式沥青混合料基层（ATPB）的下卧层应具有排水和抗冲刷能力，工程上必须通过试验，取得成功的经验后，并经过论证后使用。特粗式沥青混合料适用于基层，粗粒式沥青混合料适用于下面层或基层，中粒式沥青混合料适用于中面层和表面层，细粒式沥青混合料适用于表面层和薄层罩面。砂粒式沥青混合料适用于非机动车道或行人道路。对高速公路及一级公路，除沥青稳定碎石基层外，通常宜选用公称最大粒径为 13.2~26.5 mm 的沥青混合料。

对沥青层较厚的高速公路、一级公路，在选择级配类型、确定矿料级配和最佳沥青用量时，应首先保证各层的组合不致发生早期破坏。并在此基础上优先或侧重考虑各层的服务功能后做出抉择，主要包括：

1. 表面层应只有良好的表面功能、密水、耐久、抗车辙、抗裂，潮湿区和湿润区的路面上面层应符合潮湿条件下的抗滑要求，抗滑性能不符合要求时宜铺筑抗滑磨耗层。在寒冷地区，表面层应考虑低温抗裂性能的要求。

2. 三层式面层的中面层或双层式面层的下面层应重点满足混合料的高温抗车辙性能。下面层应在满足高温抗车辙性能的基础上，重点考虑抗疲劳性能及抗裂性能的要求。

3. 除排水式沥青混合料外，每一层都应该考虑密水性，当上层属渗水性结构层时，层间或下层应采取防渗水或排水措施。高速公路的紧急停车带（硬路肩）沥青面层宜采用与车行道相同的结构，但表面层宜采用密级配沥青混凝土混合料铺筑。

沥青面层集料的最大粒径宜从上至下逐渐增大，并应与设计厚度相匹配。除人行道路外，沥青层的压实厚度不宜小于集料最大粒径的 2 倍。对于高速公路和一级公路，密级配沥青混合料的层厚不宜小于公称最大粒径的 3 倍，SMA 等嵌挤型混合料的层厚不宜小于公称最大粒径的 2.5 倍，以减少离析，便于施工和压实。

沥青类路面一般不宜铺筑在纵坡大于 6% 的路段上。在纵坡大于 3% 的路段，考虑抗滑的要求，宜采用粗粒式的沥青碎石或粗粒式沥青混凝土做面层。

二、沥青类路面对原材料的技术要求

（一）沥青

沥青路面所用的沥青材料有石油沥青、煤沥青、液体石油沥青和沥青乳液等。

石油沥青在道路建筑中使用最广，可以用在不同地区和不同等级道路上铺筑各种沥青面层和基层。石油沥青的性质与石油的性质和获得沥青的方法有关。高树脂、少石蜡的石油是道路沥青的最好原料。煤沥青主要是由炼焦或制造煤气得到的高温煤焦油加工而得，它的主要成分是芳香族碳氢化合物及其氧、氮和硫的衍生物的混合料。煤沥青与石油沥青相比较，温度稳定性低，易老化，但其与矿料颗粒表面的贴附性较好，因煤沥青会造成轻微的空气污染，一般不宜做沥青面层，仅作为透层沥青使用。沥青乳液也称乳化沥青，它是沥青经机械作用分裂为细微颗粒，分散于含有表面活性物质（乳化剂—稳定剂）的水中，形成均匀而稳定的分散系。根据其中表面活性物质的特性及形成乳胶体的性质，乳化沥青可分为乳液和乳膏两大类。选用乳化沥青时，对于酸性石料、潮湿的石料，以及低温季节施工时宜选用阳离子乳化沥青，对于碱性石料或与掺入水泥、石灰、粉煤灰共同使用时，宜选用阴离子乳化沥青。

沥青路面采用的沥青标号，宜按照公路等级、气候条件、交通条件、路面类型、在路面结构中的层位及受力特点、施工方法等，结合当地使用经验，经技术论证后确定。

高速公路、一级公路、夏季气温高、高温持续时间长、重载交通、山区及丘陵区上坡路段、服务区、停车场等行车速度较慢的路段，特别是汽车荷载剪应力大的层次，宜采用稠度大、60 ℃黏度大的沥青，也可提高高温气候分区的温度水平选用沥青等级；对于冬季寒冷地区、交通量较小的公路、旅游区公路宜选用稠度小、低温延度大的沥青；对温度日温差、年温差大的地区宜选用针入度指数大的沥青。当高温要求与低温要求发生矛盾时应优先考虑满足高温性能要求。当缺乏所需标号的沥青时，可使用不同标号沥青进行掺配。

对热拌热铺的沥青路面，由于沥青材料和矿料须加热拌和，并在热态下铺压，故可采用稠度较高的沥青材料。反之则应采用稠度较低的沥青。对其他类型沥青路面，若沥青材料过稠，则难以贯入碎石中，过稀则又易流入路面底部，因此，这类路面宜采用中等稠度的沥青材料。当气温寒冷、施工气温较低、矿料粒径偏细时，宜采用稠度较低的沥青材料。但炎热季节施工时，由于沥青材料的温度散失较慢，则可用稠度较高的沥青材料。路拌法施工的沥青路面，一般仅采用稠度较低的沥青材料。

随着公路交通量增大和对路面性能要求的提高，在原有工业生产所获基质沥青性能不能满足要求的情况下，可采用改性沥青。改性沥青可单独或复合采用高分子聚合物、天然沥青及其他改性材料制作。

（二）粗集料

沥青路面可用轧制碎（砾）石、筛选砾石、矿渣等作为粗集料。粗集料在沥青混合料中起形成矿质骨架的作用，对混合料的强度等一系列路用性能影响很大。碎石应均匀、清洁、坚硬、无风化，小于 0.05 mm 的颗粒含量应小于 2%，吸水率小于 2%～3%。颗粒形状接近立方体并有多棱角，细长或扁平颗粒含量应小于 15%，杂质含量不能超标，压碎值应不大于 20%～30%。轧制砾石系由天然砾石轧制并经筛选而得，要求大于 5 mm 颗粒中40%（按重量计）以上至少有一个破碎面。用于沥青贯入式面层时，主层矿料中要有 30%～40%（按重量计）以上颗粒至少有两个破碎面。

筛选砾石由天然砾石筛选而得。由于天然砾石是各种岩石经自然风化而成的不同尺寸的粒料，强度极不均匀，而且多是圆滑形状。因此，筛选砾石仅适用于交通量较小的路面面层下层、基层的沥青混合料中使用，不宜用于防滑面层。在交通量大的沥青路面面层，若使用砾石拌制沥青混合料，则在砾石中至少应掺有 50%（按重量计）粒径大于 5 mm 的碎石或经轧制的砾石。沥青贯入式路面用砾石时，主层矿料中亦应掺有 30%～40% 以上的碎石或轧制砾石。

粗集料与沥青材料黏附件大小，对沥青混合料的强度和耐久性有极大影响，应优先选用与石油沥青材料有良好黏附性的碱性碎（砾）石。集料与沥青材料的黏附性用水煮法测定时，一般公路不小于 3 级，高等级公路应不小于 4 级。

用于高速公路、一级公路沥青路面表面层及各类抗滑表层的粗集料要符合规定的石料磨光值要求，应选用坚硬、耐磨、抗冲击好的碎石，不得使用筛选砾石、矿渣及软质集料。为了保证石料与沥青之间有较好的黏结性能，经检验属于酸性岩石的石料，用于高速公路、一级公路和城市快速路，主干道时宜使用针入度较小的沥青，必要时可在沥青中掺加抗剥离剂，或用干燥的磨细消石灰或生石灰粉、水泥作为矿粉的一部分，其用量宜为矿料总量的 1%～2%；将粗集料用石灰浆处理后也可以有效地提高石料与沥青之间的黏结力。

（三）细集料

细集料与粗集料共同形成混合料矿质骨架。沥青面层的细集料可采用天然砂、机制砂及石屑等。热拌密级配沥青混合料中，天然砂的用量通常不超过集料总量的 20%，SMA 及 OGFC 混合料不宜使用天然砂。机制砂系从轧制岩石中筛选而得，其最大粒径一般小于 5 mm。无论天然砂还是机制砂，均要求坚硬、清洁、干燥、无风化、不含杂质，并且应有适当的级配。热拌沥青混合料宜采用优质的天然砂或机制砂，在缺乏砂资源地区也可以用石屑。但由于一般情况下石屑的含泥量高，强度不高，因此，高速公路、一级公路沥青混凝土面层及抗滑表层的石屑用量不宜超过天然砂及机制砂的用量。河砂、海砂的颗粒缺乏棱角，表面光滑，使用时虽能增加和易性，满足了提高密实度的要求，但内摩阻角较小，为了提高混合料的内摩阻角，可掺加部分人工砂。

细集料应与粗集料一样，要求与沥青形成良好的黏结力。与沥青的黏结性能很差的天然砂以及用花岗岩、石英岩等酸性石料破碎的机制砂或石屑不宜用于高速公路、一级公路的沥青面层，必须使用时，应有抗剥落措施。

（四）矿粉与纤维稳定剂

1. 加筋作用

纤维在混合料中以三维状分散相存在，犹如钢纤维混凝土、土工格栅等加筋材料所起的作用。

2. 分散作用

混合料中加入纤维后，可使沥青与矿粉形成的胶团适当分散，形成均匀的材料体系。如果没有纤维，由于沥青和矿粉用量较大，所形成的胶团不能均匀地分散到集料之间，混合料铺筑在路面上会形成明显的"油斑"，成为沥青路面施工的另一种离析现象。

3. 吸附与吸收沥青的作用

在 SMA 混合料中加入纤维稳定剂在于充分吸附（表面）及吸收（内部）沥青，从而使沥青用量增加，沥青膜变厚，有利于提高混合料耐久性。

4. 稳定作用

纤维可使沥青膜处于比较稳定的状态，尤其在夏季高温季节，沥青受热膨胀时，纤维内部的孔隙具有缓冲作用，不致使其成为自由沥青，有利于改善混合料的高温稳定性。

5. 增黏作用

纤维将增加沥青与矿料的黏附性。

第二节　沥青混合料组成设计

一、密级配沥青混合料组成设计

（一）试验目标配合比设计

1. 设计任务

根据公路性质、交通量、路用性能要求、筑路材料、当地气候条件、施工技术水平等选择原材料，确定混合料类型、矿料级配类型和最佳沥青用量。具体设计时，用工程实际使用的材料计算各种材料的用量比例后配合成符合规范所要求的矿料级配，进行马歇尔试验，确定最佳沥青用量。以此矿料级配及沥青用量作为目标配合比，供拌和机确定各冷料仓的供料比例、进料速度及试拌使用。

2. 设计流程

（1）确定混合料类型

混合料类型由矿料公称最大粒径确定。矿料最大粒径对沥青混合料路用性能影响很大。当结构层厚度（h）与矿料最大粒径（D）的比值较小时，沥青混合料的高温稳定性提高，车辙等损害减小，但抗疲劳能力降低；当 h/D 增大时，矿料细集料含量多，沥青用量大，沥青混合料的抗疲劳特性提高，但高温稳定性下降。通常取 $h/D \geqslant 2$，此时沥青混合料施工和易性、可压实性较好，容易达到规定的密实度和平整度。确定矿料最大粒径后，根据混合料所在层位、气候环境、材料来源、施工条件等确定沥青混合料类型。

（2）原材料选择

根据原材料技术性能等各种因素对沥青混合料路用性能的影响情况，结合当地材料供应等条件，按技术、经济合理的原则，通过相关试验选择质量符合要求的原材料品种。

（3）确定工程设计级配范围

根据公路等级、工程性质、气候条件、交通条件、材料供应条件等确定混合料工程设计级配范围，根据材料实际情况进行工程设计级配范围调整，并遵循以下原则：

①对于夏季气温较高

高温持续时间长、重载交通多的路段，宜采用粗型密级配沥青混合料（AC-C 型），并取较高的设计孔隙率。对于冬季气温较低或重载交通较少的路段，宜选用细型密级配沥青混合料（AC-F 型），并取较小的设计孔隙率。

②为确保高温抗车辙能力，同时兼顾低温抗裂性能的要求。配合比设计时宜适当减少公称最大粒径附近的粗集料用量，减少 0.6 mm 以下部分细粉的用量，使中档粒径集料较多，形成 S 形级配曲线，并取中等或偏高的设计孔隙率。

③确定工程设计级配范围应考虑混合料所在路面层位的功能要求，经组合设计的沥青路面应能满足耐久、稳定、密水、抗滑等要求。

④根据公路等级和施工设备的控制水平确定的级配范围应比规范级配范围窄，其中 4.75 mm 和 2.36 mm 通过率的 k 下限差应小于 12%。

⑤沥青混合料的配合比设计应充分考虑施工性能，使沥青混合料容易摊铺和压实，避免造成严重的离析现象。

（4）矿料配合比设计

在实际工程中，常常需要用两种或两种以上具有不同级配的原材料掺配后才能得到符合既定级配要求的矿质集料，即对矿料进行配合比设计。

高速公路和一级公路沥青路面矿料配合比可借助电子表格用试配法进行，其他等级公路沥青路面也可参照进行。矿料级配曲线按《公路沥青与沥青混合料试验规程》T0725 的方法绘制。

（5）马歇尔试验

以预估的沥青用量（根据以往工程经验结合工程实际情况确定）为中值，按一定间隔（密级配沥青混合料可为 0.5%，沥青碎石混合料可为 0.3%）取 5 个或 5 个以上不同的沥青用量分别制成马歇尔试件。每组试件的数量按试验规程要求确定，对粒径较大的沥青混合料应增加试件数量。测定马歇尔击实试件的毛体积相对密度、吸水率。计算沥青混合料试件的孔隙率、矿料间隙率、有效沥青的饱和度等体积指标，进行体积组成分析。进行马歇尔试验，测定马歇尔稳定度和流值。

（6）最佳沥青用量的调整

在上述试验和计算结果的基础上，根据实践经验、公路等级、气候条件、交通情况来调整最佳沥青用量。

①调查当地各项条件接近的工程沥青用量及使用效果，论证适宜的最佳沥青用量。检查计算确定的最佳沥青用量是否接近，若相差甚远应查明原因，必要时重新调整级配，再进行配合比设计。

②对炎热地区公路以及高速公路、一级公路的重载交通路段，山区公路的长陡坡度路段，预计可能产生较大车辙时，宜在孔隙率符合要求的范围内将计算的最佳沥青用量减小 0.1%~0.5% 作为设计沥青用量。此时，除孔隙率外的其他指标可能会超出马歇尔配合比设计技术标准，在配合比设计报告或设计文件中必须说明，并要求必须采用重型轮胎压路

机和振动压路机组合等方式加强碾压，以使施工后路面的孔隙率达到未调整前的最佳沥青用量时的水平，且渗水系数符合要求。若试验路段达不到上述要求，应调整减小沥青用量的幅度。

③对寒区公路、旅游区公路、交通量较小的公路，最佳沥青用量可以在前述计算 OAC 的基础上增加 0.1%~0.3%，以适当减小孔隙率，但不降低压实标准。

（7）配合比设计检验

用于高速公路、一级公路的密级配沥青混合料，须在上述配合比设计的基础上进行各种使用性能的检验，不符合要求的沥青混合料，必须更换材料或重新进行配合比设计。其他等级公路的沥青混合料也可参照进行。检验项目包括高温稳定性检验、水稳定性检验、低温抗裂性能检验、渗水系数检验。以上各性能指标的试验测定均应在规定条件下进行并满足相关技术要求。

公称最大粒径等于或小于 19 mm 的混合料，按规定方法进行车辙试验和低温弯曲试验，利用轮碾机成型的车辙试验试件进行渗水检验。

（二）生产配合比设计阶段

对间歇式拌和机，必须对二次筛分后进入各热料仓的材料取样进行筛分，以确定各热料仓的材料比例，供拌和机控制室使用。同时，反复调整冷料仓进料比例以达到供料均衡，并取目标配合比设计的最佳沥青用量、最佳沥青用量±0.3% 的 3 种沥青用量进行马歇尔试验，最终确定生产配合比的最佳沥青用量。

（三）生产配合比验证阶段

拌和机采用生产配合比进行试拌，铺筑试验路段，并用所拌和沥青混合料及路上钻取的芯样进行马歇尔试验检验，由此确定生产用的标准配合比，并作为生产上控制的依据和质量检验的标准。标准配合比的矿料级配至少应包括 0.075 mm、2.36 mm、4.75 mm 三档，三档的筛孔通过率接近要求级配范围的中值。经验证确定的标准配合比在施工过程中不能随意变更。生产过程中，当进场材料发生变化，沥青混合料的矿料级配、马歇尔试验技术指标不符合要求时，应及时调整配合比，使沥青混合料质量符合要求并保持相对稳定，必要时重新进行配合比设计。

1. 原材料选择、取样

（1）沥青结合料

SMA 混合料中沥青结合料的质量必须满足沥青玛蹄脂的需要，要求有较高的黏度，符合一定的技术要求，保证混合料具有足够的高温稳定性和低温韧性。

（2）矿料

SMA 之所以有较好的高温稳定性，主要得益于含量甚高的粗集料之间的嵌挤作用，而集料嵌挤作用的好坏则取决于集料石质的坚韧性、集料颗粒形状和棱角多少，粗集料是否具有这些方面良好的性质，是 SMA 成败的关键。因此，粗集料必须具有良好的抗滑性能、低压碎值、坚韧性好，同时颗粒接近立方体、表面粗糙、棱角丰富，扁平颗粒含量少。

SMA 混合料中细集料用量通常少于 10%，可选用坚硬岩石反复破碎后得到的机制砂，由于机制砂具有丰富的棱角和嵌挤性能，有利于提高混合料的高温稳定性。

SMA 混合料中矿粉与沥青用量之比可达到 1.8~2.0，大于密级配沥青混合料。通常选用磨细的石灰石粉。

（3）纤维稳定剂

生产 SMA 混合料必须采用纤维稳定剂。可以使用的纤维包括矿物纤维、木质素纤维、聚合物有机纤维等。

SMA 混合料所用结合料、矿料及纤维稳定剂应通过相关试验进行质量检测，各项性能参数应符合前述相关技术标准要求。

2. 设计初试级配

公称最大粒径等于或小于 9.5 mm 的 SMA 混合料以 2.36 mm 作为粗集料骨架的分界筛孔，公称最大粒径等于或小于 13.2 mm 的 SMA 混合料以 4.45 mm 作为粗集料骨架的分界筛孔。在工程设计级配范围内，调整各种矿料比例，设计 3 组粗细不同的初试级配，3 组级配的粗集料骨架分界筛孔的通过率处于级配范围的中值、中值±3%附近，矿粉数量均为 10%左右。

3. 确定设计沥青用量

根据所选择的矿料设计级配和初试沥青用量试验的孔隙率结果，以 0.2%~0.4%为间隔，调整 3 个不同的沥青用量，制作马歇尔试件，计算孔隙率等指标。根据期望的设计孔隙率确定沥青用量为最佳沥青用量 OAC。

4. 目标配合比设计检验

在上述设计基础上，根据确定的设计矿料级配、最佳沥青用量，按规定方法进行车辙试验、低温弯曲试验、浸水马歇尔试验、渗水试验，检验 SMA 混合料的高温稳定性、低温抗裂性能、密水性能、水稳定性。此外，为检验 SMA 混合料中有无多余的自由沥青或沥青玛蹄脂，须进行谢伦堡沥青析漏试验。SMA 混合料路面的构造深度大、粗集料外露，空隙中经常有水，在交通荷载的反复作用下，由于集料与沥青的黏结力不足而容易引起集料脱落、掉粒、飞散，进而形成坑槽。为了防止出现这种破坏，在 SMA 混合料配合比设计时，须进行肯塔堡飞散试验的混合料损失或浸水飞散试验。以上两个试验可控制 SMA 混合料沥青用量不能过多，也不能过少。试验结果可作为确定最佳沥青用量的依据之一。

SMA 混合料配合比设计报告内容与密级配沥青混合料配合比设计报告相同。

第三节　沥青路面施工方法

一、层铺法、路拌法施工沥青路面

(一) 沥青表面处治

沥青表面处治是用沥青裹覆矿料，铺筑厚度小于 3 cm 的一种薄层路面面层。其主要作用是防水、抗磨耗、防滑和改善碎（砾）石路面的使用品质，改善行车条件。在计算路面厚度时，不作为单独受力结构层。沥青表面处治层在施工完毕后，须经过一段时间的行车碾压，特别是一定高温下的行车碾压，使其矿料取得最稳定的嵌紧位置，并同沥青黏结牢固，这一过程就称为"成型"阶段。因此，沥青表面处治宜选择在干燥和较热的季节施工，并在雨季前及日最高温度低于 15 ℃ 到来之前半个月结束，使表面处治层通过开放交通后靠行车压实，成型稳定。

沥青表面处治可采用道路石油沥青或乳化沥青。在远离城市的边远地区可采用煤沥青。沥青表面处治各层沥青用量应根据施工气温、沥青标号以及基层情况，在规定范围内选用。

此外，对矿料的其他质量要求，如足够的强度和耐磨性能、与沥青良好的黏结力、干燥清洁无杂质等，也适用于其他类型的沥青路面。

沥青表面处治可采用拌和法或层铺法施工。拌和法施工可采用热拌热铺或冷拌冷铺法，层铺法宜采用沥青洒布车及集料撒布机联合作业，并确保各工序紧密衔接。每个作用段长度应根据压路机数量，沥青洒布设备及集料撒布机能力等确定，当天施工的路段必须在当天完成。单层及三层沥青表面处治的施工程序与双层式相同，仅需相应地减少或增加一次洒布沥青、撒铺矿料和碾压工序。层铺法沥青表处的施工工艺如下：

1. 清理下承层

在表面处治层施工前，应将路面下承层清扫干净，使下承层的矿料大部分外露，并保持干燥。对有坑槽、不平整的路段应先修补和整平，若下承层整体强度不足，则应先予补强。级配砂砾、级配碎石下承层及水泥、石灰、粉煤灰等无机结合料稳定土或粒料的半刚性基层上须浇洒透层沥青，并且应尽早铺筑沥青面层。但当乳化沥青做透层时，洒布后应待其充分渗透、水分蒸发后方可铺筑沥青面层，此段时间应在 24 h 以上。

2. 洒布沥青

下承层清扫或透层沥青充分渗透后，即可按要求的速度浇洒沥青。若采用汽车洒布机洒布沥青，应根据单位面积的沥青用量选定洒布机排挡和油泵挡位；若采用手摇洒布机洒布沥青，应根据施工气温和风向调节喷头离地面的高度和移动的速度，以保证沥青洒布均匀，并应按洒布面积来控制单位沥青用量。沥青的浇洒温度根据施工气温及沥青标号选择，石油沥青的洒布温度为 130~170 ℃，煤沥青为 80~120 ℃。乳化沥青在常温下洒布，当气温偏低、破乳及成型过慢时，可将乳液加温后洒布，但乳液温度不得超过 60 ℃。

沥青洒布要均匀。当发现有空白、缺边时，应立即用人工补洒，有沥青积聚时应予刮除。沥青浇洒的长度应与集料撒布机能力相配合，应避免沥青浇洒后等待较长时间才撒铺集料。为保证前后两车喷洒的接茬搭接良好，可用铁板或建筑纸等横铺在本段起洒点前及终点后，长度为 1~1.5 m。如须分数幅浇洒时，纵向搭接宽度为 10~15 cm）。若浇洒第二、三层沥青时，搭接缝应错开。

3. 铺撒矿料

洒布沥青后应趁热迅速铺撒矿料，按规定用量一次撒足。撒料后应及时扫匀，达到全面覆盖一层、厚度一致、集料不重叠，也不露出沥青的要求。当局部有缺料时，应采用人工方法适当找补，局部集料过多时，应将多余集料扫出。若使用乳化沥青，集料撒布必须在乳液破乳之前完成，若沥青为分幅浇洒，在两幅的搭接处，第一幅浇洒沥青应暂留 10~15 cm 宽度不撒石料，待第二幅浇洒沥青后一起撒布集料。

4. 碾压

铺撒矿料后即用 60~80 kN 双轮压路机或轮胎压路机及时碾压。碾压应从一侧路缘压向路中心。碾压时，每次轮迹重叠约 30 cm，碾压 3~4 遍。压路机行驶速度开始为 2 km/h，以后可适当提高。

5. 双层式或三层式沥青表面处治施工

重复以上 2、3、4 步工艺。

6. 初期养护

当发现表面处治层有泛油时，应在泛油处补撒与最后一层石料规格相同的嵌缝料并扫匀，过多的浮动集料应扫出路面外，并不得搓动已经黏着就位的集料。如有其他破坏现象，也应及时进行修补。

除乳化沥青表面处治应待破乳后水分蒸发并基本成型后方可通车外，沥青表面处治层在碾压结束后即可开放交通。在通车初期应设专人指挥交通或设置障碍物控制行车，使路面全部宽度均匀压实。在路面完全成型前应限制行车速度不超过 20 km/h，严禁畜力车及铁轮车行驶。

（二）沥青贯入式

沥青贯入式路面具有较高的强度和稳定性，其强度构成主要依靠矿料的嵌挤作用和沥青材料的黏结力，适用于二级及二级以下的公路，城市道路的次干道及支路，也可作为沥青混凝土路面的连接层。由于沥青贯入式路面是一种多孔隙结构，为了防止水的下渗，增强路面的水稳定性，路面的最上层应撒布封层料或加铺拌和层。乳化沥青贯入式路面铺筑在半刚性基层上时，应铺筑下封层。沥青贯入层作为连接层时，可不撒表面封层料。

沥青贯入式路面应选择在干燥和较热的季节施工，并在雨季前及日最高温度低于 15 ℃ 到来之前半个月结束，使贯入式结构层通过开放交通碾压成型。

沥青贯入层厚度一般为 4~8 cm，但乳化沥青贯入式路面的厚度不应超过 5 cm，当贯入层上面加铺拌和的沥青混合料面层时，总厚度宜为 6~10 cm，其中拌和层的厚度宜为 2~4 cm。

沥青贯入式路面所用的集料应选择有棱角、嵌挤性好的坚硬石料，结合料可采用石油沥青、煤沥青或乳化沥青。材料的其他要求与沥青表面处治层基本相同。

沥青贯入式面层的施工工序如下：

1. 整修和清扫基层。

2. 浇洒透层或黏层沥青。

3. 铺撒主层矿料。颗粒大小要均匀，并检查松铺厚度。严禁车辆在铺好的集料层上通行。

4. 碾压。主层集料撒铺后应采用 6~8 t 的钢筒式压路机进行初压。碾压速度宜为 2 km/h，碾压应自路边缘逐渐移向路中心，每次轮迹重叠约 30 cm，接着应从另一侧以同样方法压至路中心，称为碾压一遍。检验路拱和纵向坡度，若不符合要求，应调整找平再压，至集料无显著推移为止。然后用 10~12 t 压路机进行碾压，每次轮迹重叠 1/2 左右，压 4~6 遍，直至主层集料嵌挤稳定，无显著轮迹为止。

5. 浇洒第一层沥青。沥青的浇洒温度应根据沥青标号及气温情况选择。若采用乳化沥青，为防止乳液下漏过多，可在主层集料碾压稳定后，先撒铺一部分上一层嵌缝料，再浇洒主层沥青。

6. 铺撒第一次嵌缝料。主层沥青浇洒后，应立即均匀撒布第一层嵌缝料，并立即扫匀，不足处应找补。

7. 碾压。嵌缝料扫匀后应立即用 8~12 t 钢筒式压路机进行碾压，轮迹重叠 1/2 左右，压 4~6 遍直至稳定。碾压时随压随扫，使嵌缝料均匀嵌入。

8. 浇洒第二层沥青，撒布嵌缝料，然后碾压。

9. 铺撒封层料。施工要求与撒布嵌缝料相同。重复该过程，采用 6~8 t 压路机碾压 2~4 遍，然后开放交通。

10. 初期养护。沥青贯入式路面开放交通后的交通控制、初期养护等与沥青表面处治相同。沥青贯入式表面不撒布封层料而加铺沥青混合料拌和层时，应紧跟贯入层施工，使上下成为一个整体。贯入部分采用乳化沥青时，应待其破乳、水分蒸发且成型稳定后方可铺筑拌和层。若拌和层与贯入部分不能连续施工，又要在短期内通行施工车辆时，贯入层部分的第二遍嵌缝料应增加用量至 2~3 m³/1000 m²。在摊铺拌和层沥青混合料前，应清除贯入层表面的杂物、尘土以及浮动石料，再补充碾压一遍，并浇洒黏层沥青。

乳化沥青碎石混合料适用于三级及三级以下公路的沥青面层、二级公路的养护罩面以及各级公路沥青路面的连接层或整平层。一般情况下，乳化沥青碎石混合料路面的沥青面层采用双层式：下层采用粗粒式沥青碎石混合料，上层采用中粒式或细粒式沥青碎石混合料。单层式只适合在少雨干燥地区或半刚性基层上使用。在多雨潮湿地区必须做上封层或下封层。

已拌好的混合料应立即运至现场进行摊铺。拌和与摊铺过程中已破乳的混合料，应予废弃。拌制的混合料应用沥青摊铺机摊铺。若采用人工摊铺，应防止混合料离析。松铺系数可通过试验确定。

乳化沥青碎石混合料的碾压应符合下列要求：

混合料摊铺后，采用 6 t 左右的轻型压路机初压，碾压 1~2 遍，使混合料初步稳定，再用轮胎压路机或轻型钢筒式压路机碾压 1~2 遍。初压时应匀速进退，不得在碾压路段上紧急制动或快速起动。

当乳化沥青开始破乳，混合料由褐色转变成黑色时，用 12~15 t 轮胎压路机或 10~12 t 钢筒压路机复压 2~3 遍后，立即停止，晾晒一段时间待水分蒸发后，再补充复压至密实为止。压实过程中如有推移现象应立即停止碾压，待稳定后再碾压。如当天不能完全压实，应在较高气温状态下补充碾压。

压实成型后的路面应做好早期养护，并封闭交通 2~6 h，开放交通初期，应设专人指挥，车速不得超过 20 km/h，并不得制动或掉头。严禁畜力车和铁轮车通过。

乳化沥青阶石混合料施工的所有工序，包括路面成型及铺筑上封层等，均必须在冻前完成。上封层应在压实成型、路面水分蒸发后加铺。

（三）透层、黏层与封层

1. 透层

透层是为了使路面沥青层与非沥青材料层结合良好而在非沥青材料层上浇洒乳化沥青、煤沥青或液体石油沥青后形成的透入基层表面的薄沥青层。在级配碎（砾）石及半刚性基层上铺筑沥青混合料面层时必须浇洒透层沥青。透层沥青宜采用慢裂洒布型乳化沥青，也可使用中、慢裂液体石油沥青或煤沥青。表面致密、平整的半刚性基层上宜采用较稀的透层沥青，粒料类基层宜采用较稠的透层沥青。

透层沥青应紧接在基层施工结束、表面稍干后浇洒。当基层完工后的时间较长时，应对表面进行清扫，若表面过于干燥时，应在基层表面适当洒水并待稍干后浇洒透层沥青。高速公路和一级公路的透层沥青宜采用沥青洒布车喷洒，其他等级公路可采用手工沥青洒布机喷洒。

浇洒透层沥青应符合以下要求：浇洒的透层沥青应渗入基层一定深度，但又不致流淌而在表面形成油膜；气温低于 10 ℃ 及大风、降雨时不得浇洒透层沥青；浇洒后，禁止车辆、行人通过；未渗入基层的多余透层沥青应刮除，有遗漏的部位应补洒。

在半刚件性基层上浇洒透层沥青后，立即以 $2 \sim 3 \ m^2/1000 \ m^2$ 的用量将石油或粗砂撒布在基层上，然后用 $6 \sim 8 \ t$ 钢筒压路机碾压一遍。当需要通行车辆时，应控制车速。透层沥青洒布后应尽早铺筑沥青面层；用乳化沥青做透层时，应待其充分渗透、水分蒸发后方可铺筑沥青面层，此段时间不宜少于 24 h。

2. 黏层

黏层是为加强沥青层之间、沥青层与水泥混凝土面板之间的黏结而洒布的薄沥青层。将热拌沥青混合料铺筑在被污染的沥青层表面、旧沥青路面及水泥混凝土路面上时应浇洒黏层，与新铺沥青路面接触的路缘石、雨水井、检查井等设施的侧面应浇洒黏层沥青。黏层宜采用快裂洒布型乳化沥青，也可采用快、中凝液体石油沥青或煤沥青。黏层沥青宜采用洒布车喷洒并符合以下要求：洒布应均匀，浇洒过量时应予刮除；气温低于 10 ℃ 或路面糊湿时不得浇洒，浇洒后严禁除沥青混合料运输车以外的其他车辆通行；黏层沥青浇洒后应紧接着铺筑沥青层，但乳化沥青应待其破乳、水分蒸发后再铺沥青层。路面附属结构侧面可用人工涂刷。

3. 封层

所谓封层即为封闭表面空隙、防止水分浸入面层或基层而铺筑的沥青混合料薄层。铺筑在面层表面的称为上封层，铺筑在面层下面的称为下封层。在下列情况下，应在沥青面层上铺筑上封层：沥青面层空隙较大，渗水严重，有裂缝或已修补的旧沥青路面、需要铺抗滑磨耗层或保护层的旧沥青路面。在下列情况下应在沥青面层下铺筑下封层：位于多雨地区且沥青面层空隙较大、渗水严重的路面，基层铺筑后不能及时铺沥青面层而又须开放交通的路面。

可采用拌和法或层铺法施工的单层式沥青表面处治层做封层，二级及二级以下公路的沥青路面可采用乳化沥青稀浆做封层。

乳化沥青稀浆封层是用适当级配的石屑或砂与填料（水泥、石灰、粉煤灰、石粉等）、乳化沥青、外加剂和水按一定比例拌和成流态的乳化沥青稀浆，然后用稀浆封层摊铺机均约地摊铺在须设置封层的结构层上，厚度为 3~6 mm。乳化沥青稀浆混合料用拌和机拌和，拌和时严格控制集料、填料、水、乳液配合比，加水量根据施工和易性要求由稠度试验确定，要求的稠度为 2~3 cm。混合料的湿轮磨耗试验磨耗损失不大于 800 g/m^2，轮荷压砂试验的砂吸收量不大于 600 g/m^2。

二、厂拌法施工沥青路面

热拌沥青混合料路面通常采用厂拌法施工，施工过程可分为沥青混合料的拌制、运输铺筑及碾压成型等几个阶段。

（一）搅拌站建设与搅拌设备

热拌沥青混合料在生产过程中会产生粉尘、废气、废油等污染，搅拌站设置必须符合国家有关环境保护、消防、安全等规定。搅拌站与工地现场的距离应充分考虑道路条件，确保不会因运输而导致混合料冷却至规定温度以下，避免混合料因颠簸而产生离析。搅拌站应有功能完善的防排水设施，各种原材料应分仓堆放，细集料、矿粉等应有防雨顶棚，站内道路应做硬化处理，防止泥土污染集料。

热拌沥青混合料可采用间歇式拌和机或连续式拌和机拌制。前者是在每盘拌和时计量混合料中各种材料的重量，而后者则在计量各种材料之后连续不断地送进拌和器中拌和。为保证沥青混合料的质量稳定、沥青用量准确，高速公路和一级公路的沥青混凝土宜采用间歇式拌和机拌和。当工程材料从多处供料、来源或质量不稳定时，不得采用连续式拌和机。各类拌和机均应有防止矿粉飞扬散失的密封性能及除尘设备，并有检测拌和温度的装置。搅拌系统的各种传感器必须做定期检查，确保各种材料计量准确。

高速公路和一级公路用的间歇式搅拌系统必须配备计算机设备，拌和过程中能逐盘采集并打印各传感器测定的材料用量和沥青混合料拌和量、拌和温度等各种参数。每个台班结束时打印出一个台班的统计量并用于施工质量检查。

（二）混合料的拌制

在拌制沥青混合料之前，根据确定的配合比进行试拌。试拌时对所用的各种矿料及沥青应严格计量。通过试拌和抽样检验确定每盘热拌的配合比及其总重量（对间歇式拌和机）、或各种矿料进料口开启的大小及沥青和矿料进料的速度（对连续式拌和机）、适宜的沥青用量、拌和时间、矿料和沥青加热温度以及沥青混合料出厂的温度。对试拌沥青混合料进行试验之后，即可选定施工的配合比。

为保证沥青混合料的质量，需要控制拌制温度、运输温度、摊铺温度及碾压温度。尤其应严格控制沥青加热温度，沥青温度过低，混合料拌和不均匀，沥青加热温度过高，可能会导致沥青老化。集料烘干后的残余含水率不超过1%。沥青混合料拌和的时间根据具体情况经试拌确定，以沥青均匀裹覆集料为度、间歇式搅拌系统的每盘生产周期不宜少于45 s（其中干拌时间不少于5~10 s）。改性沥青和SMA混合料的拌和时间应适当延长。经拌和后的沥青混合料应均匀一致，无花白料，无结团成块或严重的粗细料分离现象，不符合要求时不得使用，并应及时统计相关参数。

生产添加纤维的沥青混合料时，必须将纤维充分分散到混合料中，搅拌均匀。拌和机应具有同步添加投料设备，松散的絮状纤维可在喷入沥青的同时或稍后采用风送设备喷入拌和机，搅拌时间延长5 s以上。颗粒纤维在粗集料投入的同时自动加入，经5~10 s的干拌后，再投入矿粉。

（三）混合料运输

热拌沥青混合料应采用较大吨位的自卸汽车运输，车厢应清扫干净。为防止沥青与车厢板黏结，车厢侧板和底板可涂一薄层油水混合液（柴油与水的比例可达1：3），但不得有余液积聚在车厢底部。

沥青混合料运输车的运量应较拌和能力或摊铺能力有所富余，施工过程中摊铺机前方应有运料车在等候卸料。对高速公路和一级公路，开始摊铺时在施工现场等候卸料的运料车不宜少于5辆。

向摊铺机卸料时，运料车在摊铺机前方100~300 mm处停住，空挡等候，由摊铺机推动缓缓前进并开始卸料，避免撞击摊铺机。有条件时可将混合料卸入转运车经二次拌和后再向摊铺机连续均匀地供料。每次卸料务必倒净，尤其是改性沥青混合料和SMA混合料，防止余料结块。应检查每车来料的温度是否达到要求，是否遭雨淋或结团成块。

（四）混合料压实与成型

1. 初压

混合料摊铺后紧接着进行初压，并保持较短的初压长度，在热量损失较小的情况下尽快使混合料被压实。若摊铺机摊铺后混合料初始压实度较大，经实践证明采用振动压路机或轮胎压路机直接碾压不会出现严重推移现象时，可免去初压，直接进行复压。初压的目的主要是使混合料初步稳定，采用钢轮压路机静压 1~2 遍，在此过程中，压路机驱动轮面向摊铺机，从外侧向中心碾压，在超高路段则由低向高碾压，在坡道上应将驱动轮从低处向高处碾压。初压后应检查平整度、路拱，有严重缺陷时进行修整乃至返工。

2. 复压

复压紧跟在初压后进行，且不得随意停顿。碾压长度尽量缩短，保持 60~80 m 左右。采用不同型号压路机组合时，应安排每台压路机均全幅碾压，防止不同部位的压实度不均匀。密级配沥青混合料优先采用总吨位不低于 25 t 的重型轮胎压路机进行搓揉碾压，以增加路面密水效果，每个轮胎的压力不小于 15 kN，冷态的轮胎元气压力不小于 0.55 MPa，轮胎发热后不小于 0.6 MPa，且各个轮胎的元气压力相同，相邻碾压带重叠 1/3~1/2 的碾压轮宽度。混合料粗集料较多、最大粒径较大时，优先选用振动压路机，振动压路机的振动频率宜为 35~50 Hz，振幅宜为 0.3~0.8 mm。碾压浮度较大时采用高频率大振幅，以获得较大的激振力；厚度较小时采用高频率低振幅，避免集料破碎；厚度小于 30 mm 的薄沥青层不宜用振动压路机碾压。压路机折返时应先停止振动，相邻碾压带重叠 100~200 mm。三轮钢筒压路机总吨位不应小于 12 t，相邻碾压带重叠 1/2 后轮宽，且不小于 200 mm。大型压路机无法碾压的部位采用小型振动压路机或振动夯板压实。

3. 终压

终压采用双轮钢筒压路机或关闭振动的振动压路机进行，主要是为了消除碾压轮迹。终压紧跟在复压后进行。

（五）接缝处理与开放交通

沥青路面的各种施工缝，由于压实不足易产生病害，施工时必须十分注意，保证其紧密、平顺。

纵缝应采用热接缝。施工时应将已铺混合料部分留下 10~20 cm 宽暂不碾压，作为后摊铺部分的高程基准面，最后做跨缝碾压以消除缝迹。半幅施工不能采用热接缝时，应加设挡板或采用切刀切齐。摊铺另半幅前必须将缝边缘清扫干净，并浇洒少量黏层沥青。

相邻两幅及上下层的横向接缝应错位 1m 以上。对高速公路和一级公路，中下层的横向接缝可采用斜接缝，在上面层采用垂直的平接缝。其他等级公路的各层均可采用斜接缝。铺筑接缝时，可在已压实部分上面铺设一些热混合料使之预热软化，以加强新旧混合料的黏接。但在开始碾压前应将预热用的混合料铲除。

热拌沥青混合料路面应待摊铺层完全自然冷却，混合料表面温度低于 50 ℃后，方可开放交通。须提早开放交通时，可洒水冷却降低混合料温度。

第四章　水泥混凝土路面施工

第一节　材料要求及拌和物配合比设计

一、材料质量要求

组成水泥混凝土路面的原材料包括水泥、粉煤灰、粗集料（碎石）、细集料（砂）、水、外加剂、接缝材料及局部使用的钢筋等。

（一）水泥和粉煤灰

水泥是混凝土的胶结材料，混凝土的性能在很大程度上取决于水泥的质量。施工时采用的水泥质量应符合我国现行国家标准《道路硅酸盐水泥》规定的技术要求。通常应选用强度高、干缩性小、抗磨耗性能及耐久性能好的水泥，施工时根据公路等级、工期要求、浇筑方法、路用性能要求、经济性等因素选用合适的水泥。特重、重交通路面宜选用旋窑道路硅酸盐水泥，也可采用旋窑硅酸盐水泥或普通硅酸盐水泥，中、轻交通的路面可采用矿渣硅酸盐水泥；低温条件下施工或有提早开放交通要求的路面，可采用 R 型水泥，除此以外，宜选用普通型水泥。

此外，采用机械化铺筑时，宜选用散装水泥。散装水泥的夏季出厂温度南方不宜高于 65 ℃，北方不宜高于 55 ℃。混凝土搅拌时的水泥温度南方不宜高于 60 ℃，北方不宜高于 50 ℃，且不宜低于 10 ℃。

当采用贫混凝土和碾压混凝土做基层时，可使用各种硅酸盐水泥，不掺入粉煤灰时，宜使用强度等级 32.5 以下的水泥。掺用粉煤灰时只能使用道路水泥、硅酸盐水泥、普通水泥。水泥的抗压强度、抗折强度、安定性和凝结时间必须检验合格。粉煤灰宜采用散装灰，进货应有等级检验报告并应确切了解所用水泥中已经掺入的掺和料种类和数量。路面和桥面混凝土中可使用硅灰或磨细矿渣，使用前应进行试配试验，确保路面和桥面混凝土弯拉强度、工作性、抗磨性、抗冻性的技术指标合格。

进入施工现场以备待用的水泥，应有产品合格证及化验单。若对水泥质量有怀疑、水泥出厂期超过 3 个月或水泥受潮时，必须做复查试验，并根据试验结果确定是否使用该批水泥。不同标号、厂牌、品种、出厂日期的水泥，严禁混合使用。

（二）粗集料

为了保证水泥混凝土具有足够的强度、良好的抗磨耗、抗滑及耐久性能，应选用质地坚硬、洁净、具有良好级配的粗集料，包括碎石、碎卵石及卵石。

粗集料的颗粒组成可采用连续级配，也可采用断级配，但不得使用不分级的统料，应按最大公称粒径不同采用 2~4 个粒级的集料进行掺配。卵石最大公称粒径不超过 19 mm；碎卵石最大公称粒径不超过 26.5 mm；碎石最大公称粒径不超过 31.5 m；钢纤维混凝土与碾压混凝土集料最大公称粒径不宜大于 19.0 mm。集料为连续级配的混凝土具有密度大、工作件好、水易产生离析等优点。集料为间断级配的混凝土在相同的强度下水泥用量将减少，但施工时易产生离析现象，必须采用强力振捣。

（三）细集料

水泥混凝土中粒径在 0.15~5 mm 范围的集料为细集料。细集料应尽可能采用天然砂、机制砂或混合砂。优质的混凝土应使用密度高、比表面积小的细集料，这样既能保证混凝土拌和物有适宜的工作性，硬化后有足够的强度和耐久性，同时又能达到节约水泥的目的。为了提高水泥混凝土的耐磨性能，粒径小于 0.08 mm 的颗粒不应超过 3%，细度模数宜在 2.5 以上。

（四）水

用于清洗集料、拌和混凝土及养护用的水，不应含有影响混凝土质量的油、酸、碱、盐类及有机物等。饮用水一般均可使用，非饮用水经化验后满足下列要求的也可以使用：硫酸盐含量小于 2.7 mg/cm^3；含盐量不超过 5 mg/cm^3；pH 值大于 4。

（五）外加剂

为了改善水泥混凝土的技术性能，可在混凝土拌和过程中加入适宜的外加剂。常用的外加剂有流变剂、调凝剂及引气剂三大类。加入流变剂可改善混凝土拌和物的流变性能，常用的流变剂有塑化剂、减水剂及流化剂等。其中最常用的是减水剂，如木质素系减水剂（简称 M 剂）、萘系减水剂（NF、MF 等）、水溶性树脂类减水剂（SM）等。在混凝土拌和物中加入适量的减水剂后，在保持其工作性不变的情况下可显著降低水灰比，在水灰比不变的条件下，可大大提高混凝土拌和物的工作性，从而提高混凝土的强度及抗冻、抗磨等性能。

加入调凝剂可调节水泥的凝结时间。若需要缩短水泥的凝结时间，可在拌和混凝土时加入适量的促凝剂，如水玻璃、碳酸钠、氯化钙、氟化钠等；若需要延缓水泥的凝结时间，可加入适量的缓凝剂，如羟基羧酸盐类（酒石酸等）、无机化合物类（NO_3、PO_4）等，为了提高混凝土的早期强度，可加入适量的早强剂，常用的早强剂有氯化钙等；在低温季节施工时为了使混凝土迅速凝结、硬化，可加入适量的速凝剂；为了提高混凝土抗冻、抗渗、抗蚀的性能，可在混凝土拌和物中加入引气剂。

（六）接缝材料

接缝材料用于填塞混凝土路面板的各类接缝，按使用部位的不同，分为接缝板和填缝料两类。接缝板可采用杉木板、纤维板、泡沫橡胶板、泡沫树脂板等做成。接缝板应能适应混凝土路面板的膨胀与收缩，施工时不变形，耐久性良好。

填缝料分为加热施工型和常温施工型两种。加热施工型包括沥青橡胶类、聚氯乙烯胶泥类、沥青玛蹄脂类等。常温施工型包括聚反氯脂焦油类、氯丁橡胶类、乳化沥青橡胶类等。填缝料应与混凝土路面板缝壁黏附力强，回弹性好，能适应混凝土路面的胀缩，不溶于水，高温不溢出，低温不脆裂，耐久性好。

（七）钢筋

素混凝土路面的各类接缝需要设置用钢筋制成的拉杆、传力杆，在板边、板端及角隅需要设置边缘钢筋和角隅钢筋，钢筋混凝土路面和连续配筋混凝土路面则要使用大量的钢筋。用于混凝土路面的钢筋应符合设计规定的品种和规格要求，钢筋应顺直，无裂缝、断伤、刻痕及表面锈蚀和油污等。

二、配合比设计

（一）水泥混凝土配合比的设计过程

1. 根据以往的设计参数或设计经验，初拟设计配合比，然后进行试拌，通过试验考察混凝土拌和物的工作性。如果测得的工作性低于设计要求，可保持水灰比不变，增加水泥浆用量；如果测得的工作性超过设计要求，可减少水泥浆用量，或者保持砂率不变，增加砂石用量。每次调整时只加入少量材料，重复试验（时间不超过 20 min），直到符合要求为止。

2. 进行强度和耐久性试验，并做必要的调整，得到设计配合比。在混凝土拌和物符合工作性要求的配合比基础上，适当增减水泥用量，配制三组混凝土梁式试件，测定实际密度，养护到规定龄期后测定抗折强度。当实测强度未达到设计要求时，可提高水泥标号、减小水灰比或改善集料级配。

3. 根据水泥混凝土拌和物的现场实际浇筑条件、集料情况（级配、含水率等）、摊铺机具和气候条件等，对配合比进行适当调整，得到施工配合比。

（二）正交试验法设计混凝土配合比

正交试验法又称正交设计法，是解决多因素试验问题的数学方法之一，是材料设计的有效方法之一。此方法应用数学中的搭配均衡、整齐可比的正交性原理，以最少的试验次数指明多个影响因素对某一指标的影响规律和各因素的主次关系。对于规模较大的混凝土路面工程，用正交试验法进行混凝土配合比设计，达到用较少的试验次数优选出满足要求的水泥用量、用水量和砂的用量，这样可提高设计效率和效益。例如，用经验公式法考察三因素、三水平的全面试验需要进行 27 次，而用正交试验法只需要 9 次即可，大大减少了试验数量。

正交试验法确定水泥混凝土配合比的过程大致如下：

1. 试验设计

用正交试验法设计水泥混凝土的配合比时，应先进行试验设计，即确定考核指标、影响因素及水平。配合比设计目的是获得强度和施工和易性等指标符合要求的水泥混凝土。

2. 试验及数据处理

按正交表列出的因素组合方式进行相应考核指标的试验，每一种因素组合方式都有对应的试验结果。根据考核指标的试验结果和各影响因素的水平数据，通过相关分析建立考核指标与影响因素之间的数学关系，从而找到各因素对考核指标的影响规律。通过正交试验获得考核指标与各影响因素之间的对应关系后，即可用于混凝土配合比设计。设计时将混凝土坍落度、7 d 抗压强度及 28 d 抗折强度这些有明确数值要求的指标代入所建立的关系式，即可得到设计所需的配合比。

第二节　滑模式摊铺机施工

混凝土路面施工方法包括滑模式摊铺机施工、轨模式摊铺机施工、碾压混凝土施工、三辐轴机组施工和小型机具人工施工。对于高速公路及一级公路混凝土路面，宜采用施工进度快、工程质量高的机械化施工方法。

一、滑模式摊铺机施工特点

随着公路运输交通量的迅猛发展，对高等级公路路面的内在质量、表面的行驶功能和耐久性等技术要求越来越高。现代高等级公路建设必须依靠大型成套铺装设备和高新技术措施才能使路面基本功能得以实现。滑模摊铺机施工是当今混凝土路面施工的最新技术之一，具有连续铺筑、一次成型、高质高效地完成混凝土路向铺筑的优点。摊铺机铺筑时不需要轨模、摊铺机支承在四个液压缸上，两侧设置有随机移动的固定滑模，摊铺厚度通过摊铺机上下移动来调整。滑模式摊铺机一次通过即可完成摊铺、振捣、整平等多道工序。施工中的各种动作均由电子液压系统控制，精度较高，与传统的水泥混凝土路面施工方法相比较具有非常明显的优势，具体体现为：

（一）内在质量高

滑模式摊铺机施工的混凝土路面具有较高的密实度，混凝土具有高而稳定的弯拉强度。滑模摊铺机铺筑时采用高频率密集排列的振捣棒振捣及强大的挤压力成型，使相同配合比的混凝土弯拉强度比传统工艺施工高 10%~15%，混凝土具有较高的断裂韧性，抵抗超载、断板的能力得到增强。另外，滑模摊铺工艺需要配制计算机自动控制的大型搅拌楼，可提高混凝土的配制准确性和稳定性，混凝土拌和物均质性好、色泽均一，也提高了混凝土路面的内在质量。

（二）表面功能好

混凝土弯拉强度的提高就意味着其抗渗、抗冻、抗磨等耐久性也相应得到提高，有利于路面表面抗滑构造深度长期保持，使行车更安全、可靠。

（三）路面动态平整度好

滑模摊铺机铺筑时沿基准线平稳运行，路面直顺度便于调整，可保证路面具有良好的动态平整度，提高了水泥混凝土路面的行车舒适性。

（四）混凝土拌和物质量稳定

混凝土路面采用滑模摊铺机施工时要求拌和物质量高度稳定，原材料计量精度高，水灰比和水泥用量变化小，总用水量基本无变化，确保路面不出现麻面或倒边等问题。再加上摊铺机完全一致的振捣和挤压，可确保路面质量的均质稳定，不会出现水泥浆或水分在表面积聚的现象，可有效延长路面使用年限。

（五）适应范围广

滑模式摊铺机施工可适应多种类型混凝土路面的施工，包括用预制钢筋支架和 DBI 两种方式铺筑的全缩缝代传力杆的混凝土路面、钢纤维混凝土路面、聚丙烯纤维混凝土路面、耐碱玻璃纤维混凝土路面、钢筋混凝土路面、连续配筋混凝土路面、双钢混凝土特大桥桥面等，对小半径、大坡度等具有特殊几何尺寸的公路也具有良好的适应性。

（六）生产效率高、施工进度快

常用的混凝土摊铺机每天平均可完成 8.5 m 宽、260 mm 厚的高速公路路面 600～1000 m。其间劳动力需要量小，大大加快了混凝土路面的施工进度，有利于缩短混凝土路面建设周期。

（七）便于提高科技和管理水平

由于滑模式摊铺机施工的机械化程度高，需要上下游设备密切协调配合，施工中的人为干扰因素少，其中材料、机械、组织管理的科技含量高，有利于提高施工队伍管理水平和培养高素质的道路建设人员。

（八）路面使用寿命大幅度延长

根据工程实践验证，在相同的交通量和工作条件下，采用滑模式摊铺机施工的混凝土路面比传统工艺施工的路面使用寿命延长 6 年左右。

二、施工准备

采用滑模式摊铺机施工混凝土路面前的准备工作包括技术准备和物质准备等方面。施工前应做好相应的准备工作，避免施工过程中出现不必要的停顿。

（一）技术准备

施工前，建设单位应组织设计、监理、设计及施工单位进行技术交底。了解设计单位设计意图，明确施工技术要求。

施工单位应根据设计文件、合同文件、现场施工条件及本单位的设备、人员等情况确定混凝土路面施工工艺流程，上报合理的施工组织设计文件，精心编制施工组织计划。开工前施工单位还应对工程参与人员进行岗位培训，明确各自的职责要求及相互关系。

施工放样是采用滑模式摊铺机铺筑混凝土路面的重要准备工作。首先根据设计图纸恢复道路中心线和混凝土路向边线，在中心线上每隔 20 m 设一中桩，同时布设曲线主点桩及纵坡变坡点、路面板胀缝位置等施工控制点，并在路边设置相应的边桩，重要的中心桩要进行拴桩。每隔 100 m 左右应设置一个临时水准点，以便复核路面高程。由于混凝土路面一旦浇筑成功就很难拆除，因此测量放样必须经常复核，在浇捣过程中也要进行复核，做到勤测、勤核、勤纠偏，确保混凝土路面的平面位置和高程符合设计要求。

混凝土路面施工前，应对混凝土路面板下的基层进行强度、密实度及几何尺寸等方面的质量检测和相应的整修。基层质量检查项目及其标准应符合基层施工技术规范要求和混凝土路面设计规范要求。对于采用滑模式摊铺机施工的路面，基层宽度应留有供摊铺机行走的宽度，通常为 50~80 cm。

（二）搅拌站建设与材料准备

混凝土路面施工前的物质准备工作包括材料准备及质量检验、混合料配合比试验与调整、机械设备准备等。混凝土路面施工前必须做好各种机械的检修工作，以便施工时能顺利运行。

为缩短运输距离，搅拌站宜设置在铺筑路段的中间位置。搅拌站应能满足原材料储运、混凝土拌和物运输、钢筋加工、供水、动力等工作要求，力求紧凑，减少占地面积。搅拌站应保障水源充足、可靠，满足搅拌、清洗、养生用水的供应。

（三）运输设备配置

采用滑模式摊铺机施工时，主要工序是混凝土的拌和与摊铺成型，因此，应把混凝土摊铺机作为第一主号机械，拌和机作为第二主导机械。选择的主导机械应能满足施工质量和工程进度要求。拌和机与摊铺机应互相匹配，拌和质量、拌和能力、技术可靠性及工作效率等应能满足要求。在保证主导机械发挥最大效率的前提下，选用的配套机械要尽可能少。

通常情况下，运输设备的运输能力应略大于搅拌能力，由于滑模施工工程量较大，运输距离相对较长，应尽可能采用搅拌运输车，无此条件时可使用自卸汽车，基本能满足施工要求。由于自卸车的倒料一倾而下，增加了摊铺机的负荷，会引起摊铺机履带打滑，导致路面高程和平整度合格率降低，因此，在实际施工过程中，为了提高施工进度和路面质量，可在滑模摊铺机之前增加一台螺旋布料机，既克服了上述缺点，又可实现二次搅拌，解决运输途中的混凝土水分流失和离析现象。

（四）防滑处理与养生设备的配置

滑模施工作为一种高效的机械化施工工艺，施工进度快，作业面宽，一般日工作量1000 m 左右，作业面宽 8 m 以上，防滑处理与养生相应要求用高效的设备完成，采用拉毛养生机可连续完成拉毛或拉槽和养生剂的喷洒工作。

（五）通信设备的配置

滑模摊铺系统是快速的现代生产系统，现场要求配置有快速反应能力的无线电联络通信和生产指挥调度系统。

三、施工过程

为提高混凝土路面质量，加速施工进度，必须制定合理的滑模摊铺的工艺流程。

（一）测量放样，悬挂基准绳

滑模式摊铺机的摊铺高度和厚度可实现自动控制。摊铺机一侧有导向传感器，另一侧有高程传感器。导向传感器接触导向绳，导向绳的位置沿路面的前进方向安装。高程传感器接触高程导向绳，导向绳的空间位置根据路线高程的相对位置来安装。基准绳设置有单向坡双线式、单向坡单线式和双线坡双线式。测量时沿线应每200 m增设一水准点，并在控制测量精度、平差后使用。摊铺机摊铺的方向和高程准确与否，取决于导向线的准确程度，因此导向绳经准确定位后固定在打入基层的钢钎上。一般架设传感器的导向绳的长度在1000 m左右即可满足日间的工作量，导向绳距待摊铺的混凝土路面1~1.5 m为宜，高度为路面延伸至导向线实测高程加20 cm，导向钢钎间距为5~10 m，在路线曲线段还应进行加密。摊铺前应复测，以满足施工精度。

（二）摊铺机调整和就位

摊铺机进入摊铺现场安装后，停在起始位置，使左右侧模板前后基本上和导向线平行且前后等距，起动发动机与自动方向调整系统，慢慢向工作方向行驶，按预设模板与导向线的距离，调整前后转向传感器，使前后模板与导向线完全平行。完成方向调整之后，在路面纵横方向各找两个点并打桩成矩形，用细线将纵向桩连接，线的位置与路面设计高程相等，然后将机器移至四根桩内，而前端有一定进料仰角，调整后退至起始位置。滑模摊铺机首次摊铺时应对其摊铺位置、几何参数和机架水平度进行调整和校核，确认无误后方可开始摊铺。

（三）混凝土搅拌

搅拌前应先检查搅拌设备的各机构是否运转正常，并根据实验室提供的配料单将各材料数据输入搅拌设备微机里，在接到前方通知后，进行拌和。拌和时应根据拌和物黏聚性、均质性及强度稳定性试拌确定最佳拌和时间。通常全部原材料放齐的最短纯拌时间不少于40 s，最长总搅拌时间不应超过240 s，具体视搅拌机性能确定。外加剂应以稀释溶液加入，并扣除相应用水量。所生产的拌和物应色泽一致，有生料、干料、离析或外加剂成团的非均质混合物严禁用于路面铺筑。一台搅拌楼每盘出料之间的坍落度最大允许偏差为±10 mm，并适合现场摊铺。

（四）混凝土拌和物运输与机前布料

把搅拌好的混凝土拌和物运到摊铺现场。在运输过程中要保证不漏浆、不变干、不离析，卸料时尽量不要堆积太高。卸料高度不应超过 1.5 m。远距离运输或运输桥面、钢筋混凝土路面混凝土拌和物时宜采用混凝土运输车。

机前布料尽量使混凝土在全宽方向厚度较均匀，中间可高一点，布料高度一般比成型后的路面高出 6~10 cm 为宜。

（五）摊铺机摊铺

启动自动找平和自动转向传感器，向前行驶。当布料器接触到混凝土，根据料的情况进行二次布料，调整计量门位置使料充分进入振动料仓，振动棒完全接触混凝土后启动振动棒，抹平板和左右侧模板把振实的混凝土通过相互挤压后，经过传力杆和连接筋的安装、搓平梁的搓平、超级抹平器抹平，形成混凝土路面。在开始摊铺的 5 m 内，应在摊铺进行中对摊铺出的路面高程、边缘厚度、中线、横坡度等参数进行复核测量。

（六）对路面进行修整加工

为保证质量，对摊铺机摊铺过的路面，应人工检查并及时对有缺陷的部分进行修整抹平，同时还应及时检测路面的平整度和高程。一定时间后，由拉毛养生机对路面进行防滑和养生处理。

（七）摊铺机的第二天摊铺

启动自动找平及自动转向传感器，外放尾模板，并将找平机构上调 0.5 cm 左右，按导向线后退，直至计量门与前一天施工的路面齐平，之后执行上述工序，在刚刚开始摊铺段逐渐下调找平机至原来位置。内收尾模板后进入正常摊铺作业，工作缝应由专人负责处理。

第三节　轨模式摊铺机施工

轨模式摊铺机施工是由支撑在平底型轨道上的摊铺机将混凝土拌和物摊铺在基层上。摊铺机的轨道与模板是连在一起的，安装时同步进行。轨模式摊铺机施工混凝土路面包括施工准备、拌和与运输混凝土、摊铺与振捣、表面整修及养护等工作。其中施工准备的内容和要求与滑模式摊铺机施工工艺基本相同。

一、混合料拌和与运输

确保混凝土拌和质量的关键是选用质量符合规定的原材料、拌和机技术性能满足要求、拌和时配合比计量准确。采用轨模式摊铺机施工时，拌和设备应附有可自动准确计量的供料系统；无此条件时，可采用集料箱配合地磅的方法进行计量。各种组成材料的计量精度应不超过下列范围：水和水泥土±1%，粗细集料±3%，外加剂±2%。拌和过程中加入外加剂时，外加剂应单独计量。用强制式搅拌机拌和坍落度为 1~5 cm 的混凝土拌和物，最佳拌和时间应控制为：立轴式强制拌和机为 90~180 s；双卧轴强制式拌和机为 60±90 s，最短拌和时间不低于低限，最长拌和时间不超过高限的 3 倍。通常采用自卸汽车运输混凝土拌和物，拌和物坍落度大于 5 cm 时应采用搅拌车运输。用自卸汽车运输时，不得超过 1 h；用搅拌车运输时，不得超过 1.5 h。若运输时间超过上述时间限制或在夏季浇筑时，拌和过程中应加入适量的缓凝剂。运输时间过长，混凝土拌和物的水分蒸发和离析现象会增加，因此应尽量缩短混凝土拌和物的运输时间，并采取措施防止水分损失和混合料离析。拌和物运到摊铺现场后倾卸于摊铺机的卸料机内，摊铺机卸料机械有侧向和纵向两种。侧向卸料机在路面摊铺范围外操作，自卸汽车不进入路面铺摊范围卸料，没有供卸料机和汽车行驶的通道；纵向卸料机在摊铺范围内操作，自卸汽车后退供料，施工时不能像侧向卸料机那样在基层上预先安设传力杆。

二、混合料摊铺与振捣

（一）轨模安装

轨模式摊铺机的整套机械在轨模上前后移动，并以轨模为基准控制路面的高程。摊铺机的轨道与模板同时进行安装，轨道固定在模板上，然后统一调整定位，形成的轨模既是路面边模又是摊铺机的行走轨道。模板应能承受机组的重量，横向要有足够的刚度。轨模数量应根据施工进度配备并能满足周转要求，连续施工时至少须配备三个全工作量的轨模。

轨模安装时必须精确控制高程，做到轨模平直、接头平顺，否则将影响路面的外观质量和摊铺机的行驶性能。

（二）摊铺

轨模式摊铺机有刮板式、箱式及螺旋式三种类型，摊铺时将卸在基层上或摊铺箱内的混凝土拌和物按摊铺厚度均匀地充满轨模范围内。刮板式摊铺机本身能在轨道上前后自由移动，刮板旋转时将卸在基层上的混凝土拌和物向任意方向摊铺。这种摊铺机质量轻，容易操作，易于掌握，使用较普遍，但摊铺能力较小。箱式摊铺机摊铺时，先将混凝土拌和物通过卸料机一次卸在钢制料箱内，摊铺机向前行驶时料箱内的混合料摊铺于基层上，通过料箱横向移动按松铺厚度准确、均匀地刮平拌和物。螺旋式摊铺机由可以正向和反向旋转的螺旋布料器将拌和物摊平，螺旋布料器的刮板能准确调整高度。螺旋式摊铺机的摊铺质量优于前述两种摊铺机，摊铺能力较大。

摊铺过程中应严格控制混凝土拌和物的松铺厚度，确保混凝土路面的厚度和高程符合设计要求。一般应通过试铺来确定拌和物的松铺厚度。

（三）振捣与整平

摊铺机摊铺时，振捣机跟在摊铺机后面对拌和物做进一步的整平和捣实。

在振捣梁前方设置一道长度与铺筑宽度相同的复平梁，用于纠正摊铺机初平的缺陷并使松铺的拌和物在全宽范围内达到正确的高度，复平梁的工作质量对振捣密实度和路面平整度影响很大。复平梁后面是一道弧面振动梁，以表面平板式振动将振动力传到全宽范围。拌和物的坍落度通常不大于 2.5 cm、骨料最大粒径控制在 40 mm 以下。当混凝土拌和物的坍落度小于 2 cm 时，应采用插入式振捣器对路面板的边部进行振捣，以达到应有的密实度和均匀性。振捣机械的工作行走速度一般控制在 0.8 m/min，但随拌和物坍落度的增减可适当变化，混凝土拌和物坍落度较小时可适当放慢速度。

三、表面整修

振捣密实的混凝土表面应进行整平、精光、纹理制作等工序的作业，使竣工后的混凝土路面具有良好的路用性能。

（一）表面整平

振捣密实的混凝土表面用能纵向移动或斜向移动的表面整修机整平。纵向表面整修机工作时，整平梁在混凝土表向纵向往返移动，通过机身的移动将混凝土表面整平。斜向表面整修机通过一对与机械行走轴线成 10° 左右的整平梁做相对运动来完成整平作业，其中一根整平梁为振动梁。机械整平的速度取决于温混凝土的易整修性和机械特性。机械行走的轨模顶面应保持平顺，以便整修机械能顺畅通行。整平时应使整平机械前保持高度为 10～15 cm 的壅料，并使壅料向较高的一侧移动，以保证路面板的平整，防止出现麻面及空洞等缺陷。

（二）精光及纹理制作

精光是对混凝土路面进行最后的精平，使混凝土表面更加致密、平整、美观，此工序是提高混凝土路面外观质量的关键工序之一。混凝土路面整修机配置有完善的精光机械，只要在施工过程中加强质量检查和校核，便可保证精光质量。

在混凝土表面制作纹理，是提高路面抗滑性能的有效措施之一。制作纹理时用纹理制作机在路面上拉毛、压槽或刻纹，纹理深度控制在 12 mm 范围内；在不影响平整度的前提下提高混凝土路面的构造深度，可提高表面的抗滑性能。纹理应与路面前进方向垂直，相邻板的纹理应相互沟通以利排水。纹理制作从混凝土表面无波纹水迹开始，过早或过晚均会影响纹理质量。

四、养护

混凝土表面整修完毕，应立即进行湿治养护，使混凝土在开放交通时具有规定的强度，尤其在气温较高时，必须保持已浇筑的混凝土表面湿润，以免混凝土表面干裂。在养护初期，可用活动三角形罩棚遮盖混凝土，以减少水分蒸发，避免阳光照晒，防止风吹、雨淋等。混凝土泌水消失后，可在表面均匀喷洒薄膜养护剂。喷洒时在纵横方向各喷一次，养护剂用量应足够。在高温、干燥、大风时，喷洒后应及时用草帘、麻袋、塑料薄膜、湿砂等遮盖混凝土表面并适时均匀洒水。养护时间由试验确定，以混凝土达到 28 d 强度的 80% 以上为准。使用普通硅酸盐水泥时约为 14 d，使用早强型水泥约为 7 d，使用中热硅酸盐水泥约为 21 d。在养护期间禁止车辆通行以保护混凝土路面。

五、接缝施工

混凝土路面在温度变化时会产生较大的温度变形，使混凝土板产生胀缩和翘曲等，为消除和减小温度变形受到约束后产生的温度应力，避免混凝土路面出现不规则开裂，必须在混凝土路面的纵横方向上设置胀缝和缩缝。同时，在混凝土路面施工过程中由于各种原因造成路面施工中断会形成施工缝。接缝施工质量的好坏将直接影响到混凝土路面的使用性能及养护维修工作量的大小，因此，各类接缝的施工应做到位置准确、构造及质量符合设计及规范要求。

（一）胀缝施工

胀缝应与混凝土路面中心线垂直，缝壁垂直于板面，宽度均匀一致，缝中不得有黏浆或坚硬杂物，相邻板的胀缝应设在同一横断面上。胀缝传力杆的准确定位是胀缝施工成功的关键，传力杆固定端可设在缝的一侧或交错布置。施工过程中固定传力杆位置的支架应准确、可靠地固定在基层上，使固定后的传力杆平行于板面和路中线，误差不大于 5 mm。

铺筑混凝土拌和物时严禁造成传力杆移转，否则，将导致混凝土路面接缝区的破坏。在传力杆滑动端安装长度为 10 cm 的套筒、套筒内底与传力杆的间隙为 1~1.5 cm，空隙内用沥青麻絮填塞，滑动端涂沥青。

机械化施工混凝土路面时，胀缝可在连续铺筑混凝土拌和物的过程中完成，也可在施工终了时完成。施工时用方木、钢挡板及钢钎固定胀缝板，钢钎间距 1 m。在摊铺机前方，先在路面传力杆范围内铺筑混凝土拌和物，用两个插入式振捣器在胀缝两侧 0.5~1.0 m 的范围内对称均匀地捣实。摊铺机摊铺至胀缝两侧各 0.5 m 范围内时，将振动梁提起，拔去钢钎，拆除方木和挡板。留下的空隙用混凝土拌和物填充并用插入式振捣器捣实，人工进行粗面，并通过摊铺机的振动修平梁进行最终修平。待接缝板以上的混凝土硬化后用锯缝机按接缝板的位置和宽度锯两条缝，凿除接缝板之上的混凝土和临时插入物，然后用填缝料填满，这种施工方法可确保接缝施工质量，胀缝的外观也较好。

（二）横向缩缝施工

混凝土面板的横向缩缝一般采用锯缝的办法形成。混凝土结硬后应适时锯缝，合适的锯缝时间应控制在混凝土已达到足够的强度，而收缩变形受到约束时产生的拉应力仍未将混凝土面板拉断的时间范围内。经验表明，锯缝时间以施工温度与施工后时间的乘积为 200~300 个温度小时或混凝土抗压强度为 5~10 MPa 较为合适。

（三）纵缝施工

纵缝施工应符合设计规定的构造，保持顺直、美观。纵缝为平缝带拉杆时，应根据设计要求，预先在模板上制作拉杆置放孔，模板内侧涂刷隔离剂，升、拉杆采用螺纹钢筋制作。缝槽顶面采用锯缝机切割，深度为 3~4 cm，并用填缝料灌缝。不切割顶面缝槽时，应及时清除面板上的黏浆。假缝型纵缝的施工应预先用门形支架将拉杆固定在基层上或用拉杆置放机在施工时置入。假缝顶面的缝槽采用锯缝机切割，深 6 cm，使混凝土在收缩时能从切缝处规则开裂。

（四）施工缝设置

施工中断形成的横向施工缝应尽可能设置在胀缝或缩缝处，多车道路面的施工缝应避免设在同一横断面上。施工缝设在缩缝处应增设一半锚固、另一半涂刷沥青的传力杆，传力杆必须垂直于缝壁，平行于板面。

（五）接缝填封

混凝土养护期满即可填封接缝，填封时接缝必须清洁、干燥。填缝料应与缝壁黏附紧密、不渗水，灌注高度一般比板面低 2 mm 左右。当使用加热施工型填缝料时，加热到规定的湿度并搅匀，采用灌缝机或灌缝枪灌缝；气温较低时应用喷灯加热缝壁，使填缝料与缝壁结合良好。

第四节　三辊轴机组与小型配套机具施工

水泥混凝土路面采用机械化施工具有生产效率高、施工质量容易得到保证等优点，是我国水泥混凝土路面施工的发展方向。现阶段由于受机械设备、投资等因素的影响，只是在少数比较重要的公路上得到应用，小型配套机具施工仍然是一般公路普遍采用的施工方法。小型配套机具施工需要使用拌和机、运输车辆、振捣器、振动梁、抹面机具及锯缝机等按工序联合作业，这些机具应性能稳定可靠、操作简便、易于维修并能满足施工要求。三辊轴机组施工则是在小型机具施工方法基础上，通过对部分工艺机械进行适当整合，以提高小型机具施工的质量和速度。

一、模板安装与拆除

（一）模板制作

采用三辊轴机组或小型配套机具施工时，通常应采用具有足够刚度的钢模板，能满足路面施工的要求。用于设置纵缝和施工缝的模板，应根据设计要求预留传力杆或拉杆的置放孔。模板高度应与面板的设计厚度一致，误差为 2 mm。模板之间的接头处应设有牢固的拼接装置，装拆方便。模板的数量应能满足施工周转要求。

（二）模板安装

安装模板时应对基层进行检测，基层的各项技术指标应符合基层施工规范的质量要求。模板的平面位置与高程应符合设计要求、平面位置偏差不大于 5 mm，纵向高程偏差不大于 3 mm，模板应安装稳固，能承受摊铺、振捣、整平时的冲击和振动作用。模板间的连接应紧密平顺，不得有错缝、错位和不平顺现象。模板接头处及基层与模板之间应填塞紧密以防止漏浆，模板内侧应涂隔离剂。模板安装就位后，要横向拉线，检查混凝土板中部的厚度。测量值大于设计厚度时，应将高出的基层削平以保证混凝土路面板的厚度。

（三）模板拆除

拆除模板的时间要根据气温和混凝土强度增长情况确定。拆除模板时不得损坏混凝土板边、板角及传力杆和拉杆周围的混凝土。模板拆除后应立即清除黏附的砂浆，冲洗干净，有变形或局部损坏时应及时校正和修理，以备下次使用。

二、混合料拌和与运输

（一）要求

混凝土拌和设备的型号和数量应根据工程量大小、工程进度、运输工具、拌和质量要求等因素确定，必要时应有备用的拌和机和发电设备，以保证混凝土路面施工能连续进行。拌和场内的粗、细集料必须分别堆放，不得混杂，进入拌和机的集料必须准确过磅，使用散装水泥时必须过磅，袋装水泥应抽查质量是否合格，必须严格控制加水量，根据集料的实际含水率和天气情况确定合适的施工配合比。投入拌和机的原材料数量应根据混凝土施工配合比和拌和机容量确定，原材料每盘称量的允许误差应不超过下列规定：水泥±2%，水±1%，集料±3%，外加剂±2%。

（二）拌和

拌和前，应先在拌和机内用适量的拌和物或砂浆试拌并排除，然后按规定的施工配合比进行拌和。向拌和机投料的顺序宜有利于拌和均匀，通常为碎（砾）石→水泥→砂。材料进入拌和机后应边拌和边加水，投入外加剂的顺序应根据使用规定确定。应在尽可能短的时间内将混凝土拌和均匀，每盘拌和时间根据拌和机的性能、对混凝土拌和物的稠度要求按规定通过试拌确定，拌和时间不得超过最短拌和时间的 3 倍。

应每天对混凝土拌和物的稠度进行检查。每班不少于两次，如与规定值不符，应查明原因并及时纠正。每台班或拌和 200 m³ 混凝土拌和物，应制作两组抗折强度试验的试件，必要时可增制抗压强度试件。

（三）运输

装运拌和物的储料斗或车厢内壁应平整、光洁、不漏浆，使用前后应冲洗干净。在运输途中混合料明显离析时，摊铺时应重新拌匀。

三、拌和物摊铺、振捣与表面整修

（一）摊铺

混凝土拌和物摊铺前，应对模板和基层等进行全面检查，以保证混凝土面板的几何尺寸等符合设计要求。当混凝土面板的厚度大于 25 cm 时，宜分两层摊铺，下层摊铺总厚度的 3/5。摊铺时，料铲应反扣，严禁抛掷和搂耙，防止拌和物离析。

三辊轴机组施工应按作业单元分段摊铺和整平作业，单元长度一般为 20~30 m，振捣与整平作业之间的时间间隔不宜超过 15 min。三辊轴机组前的混合料宜高于模板顶面 5~20 mm，并根据情况及时补料或铲除。

（二）振捣

插入式振捣器与平板式振捣器配合使用时，应先用插入式振捣器振捣。插入式振捣器的移动距离不宜大于作用半径的 1.5 倍，至模板边缘的距离应不大于其作用半径的 0.5 倍。振捣时应避免碰撞模板、钢筋、传力杆和拉杆。平板振捣器纵横振捣时应重叠 10~20 cm。振捣器在每一位置的停留时间应足够长，平板振捣器不宜少于 15 s，插入式振捣器不宜少于 20 s，以便将混凝土拌和物振捣密实。半拌和物停止下沉，不再冒气泡并泛出水泥浆时，混凝土即被振捣密实，但不应过振。振捣时应辅以人工找平，并随时检查模板。如模板发生位移、变形或松动，应及时纠正。振捣作业应在混凝土拌和物初凝前完成。混土分两次摊铺的，振捣上层混凝土拌和物时，插入式振捣器应插入下层拌和物 5 cm 以上，以便上下两层形成整体，上层混凝土拌和物的振捣必须在下层拌和物初凝前完成。

（三）整平与提浆

振捣后应立即用振动梁在模板上平移拖振，往返 2~3 遍，使混凝土泛浆整平，赶出水泡。在拖振过程中，凹陷处应用相同配合比的混凝土拌和物找补，严禁用纯砂浆填补。经振动梁整平后，用提浆滚往返滚浆，并保持规定的路拱。按设计要求的平整度，用 3 m 直尺或刮尺刮平。

（四）表面整修

混凝土整平提浆后，应对板边和接缝进行处理，清除留在表面的黏浆，出现掉边、缺角时应及时进行修补。表面整修宜分两次进行，首先抹面找平，到混凝土表面无泌水时再做第二次抹面。表面整修时严禁在混凝土表面上洒水或撒水泥。可用叶片式或圆盘式抹面机抹面，抹面后混凝土应平整、密实。整修若遇烈日曝晒或干旱大风时，宜设遮阳棚。抹面后沿横坡方向进行纹理制作，纹理构造深度根据面层抗滑要求确定，一般槽深为 23 mm，槽宽为 45 mm，间距 20 mm。混凝上路面板的构造深度（TD）应符合设计要求。纹理制作时，不得影响表面平整度。

四、真空脱水工艺

真空脱水是在经粗平后的混凝土拌和物上覆盖吸垫，通过真空吸水泵将混凝土中的水分抽吸出来，这样可缩短整面、锯缝的工艺间隔时间，加快工程进度。真空脱水工艺适用于厚度不大于 25 cm 的混凝土路面施工。采用真空脱水工艺施工时，混凝土拌和物的坍落度可比不采用该工艺时大，高温季节宜为 3~5 cm，低温季节宜为 2~3 cm；混凝土拌和物的最大用水量可增加 8~12 kg/m³。其他工序如模板装拆、钢筋布置、混凝土拌和、运输与铺筑、接缝施工及养护等工序保持不变。

采用真空脱水工艺施工混凝土路面时，除应具备前述小型机具外，还须配置真空泵、真空吸垫及抹面机具等。真空泵应真空度稳定，有自动脱水计量装置，配备有效抽速不低于 15 L/s 的主机。吸垫应选用真空度均匀、密封性能好、脱水效率高、操作简便、铺放容易、清洗方便的品种，每台真空泵需要配备的吸垫不少于两块。抹面机具可用叶片式或浮动圆盘式提浆抹光机。

混凝土表面振捣粗平后，即可进行真空脱水。脱水前，应先检查真空泵的空载真空度值应不小于 0.08 MPa，吸管与吸垫连接后再开机检查。铺放吸垫时应以卷放为宜，避免皱折，周边与已脱水的混凝土重叠 5~10 cm。吸垫就位后，连接吸管并开机。在开机抽吸过程中，吸垫四周密封边应用小刷沿边轻轻扫刷，以利于密封。吸垫封严后开始脱水，真空度逐渐升高，最大真空度不宜超过 0.085 MPa。如果在规定的时间内真空度达不到要求，应及时检查，采取措施解决。

第五章　生态技术在公路工程建设中的应用

第一节　生态技术在公路工程建设中的应用

一、生态管理制度在公路工程的应用

搞好环境保护与创建的关键在于设计，抓实施是搞好该项工作的重点。在以往的公路建设中，对环境保护工作强调多，具体抓得不细，责任不明确，约束机制不力，没有环保专职管理，基本上是兼职管理，更谈不上对生态公路技术的研究和掌握，公路施工中只管建设，不顾环保。现行的公路建设就是要在现有的体制下，建立一套适合我国国情的公路建设生态指标硬性要求，从制度上予以保证和完善，注重对生态管理机构的约束和建立，重点是建立生态管理制度体系，把生态公路的制度和公路建设纳入一起实施，在审查公路设计的同时，也要审查公路生态工程的设计方案，认可后方能进行下一步的工作。要着力从机制上、制度上、机构上给予保证和约束，形成强有力的管理措施。不符合生态公路工程技术指标要求的一律不得开工，只有待各项准备工作妥当，通过专家验收认可后再开工。在以后的公路建设中应从完善管理机构和管理措施入手，重点抓好以下几方面的工作：

（一）加强合同管理，强化环境保护与创建责任

施工单位主要是以创造利润为目的，环境保护与创建意识一般较淡薄，业主必须在承包合同条款中明确环保的具体内容与有关的责任，形成约束机制。

（二）制订环境保护与创建行动计划

在工程尚未动工之前，按照设计要求制订明确的实施计划，以此指导工程施工。如在不稳定山体上爆破石方时，应明确爆破方式及相关的规定要求，实行科学爆破，避免扰动山体；在路基清除表土时，应要求施工单位对地表沃土集中存放，用于取、弃土场复耕。

（三）成立环保管理专班

业主、承包商及监理单位应安排足够数量的环保管理人员，成立环保专班，建立管理制度及管理措施，明确职责和义务，对环保工作进行动态的管理。

（四）加强环保工作检查

要适时地开展环保工作检查，及时予以纠正环保工作中存在的问题，不能以环保验收代替管理，避免造成难以弥补甚至无法弥补的缺陷。如弃土不及时处理防排水问题，以致无法恢复水土流失后造成其他土地沙化。有些施工单位在路基及取土场清表时，对地表层土随意弃放，以致在取弃土场复耕时难以找到适合耕种的表层土。

（五）尽快实施环保监理

要切实搞好环保工作，必须进行严格的环保监理。但目前公路环境保护监理工作刚刚起步，管理体制、办法不健全，须尽快形成环保监理机制，形成完整的环保监理规范，对工程环保工作实施规范性管理。

在保护自然生态环境的同时，要以人为本创建环境，优美与安全的营运环境可由公路建设单位要求设计部门完成，而生态环境的创建则需要地方政府、设计单位与施工单位及相关部门的密切配合，存在着较多的组织、协调、管理工作。

要树立把握公路建设契机创建生态环境的意识。在以往的公路建设中，建设单位只是从环保出发对公路取、弃土石方案提出原则性的要求，基本上由施工单位从有利于自身利益出发确定取弃土石方案，对利用废弃的土石方创建新的生态环境考虑较少。而地方政府对此基本上不予关心。但实际上公路建设大量土石方的取、弃在对自然环境造成影响时也对创建环境带来了很好的机会，可取土蓄水、弃土造地，是变废为宝、变害为利、造福子孙后代的大事，应当引起有关方面的高度重视。

科学规划，共商创建。公路建设单位应与当地政府及相关部门沟通有关创建情况，地方政府应组织有关部门积极与公路建设单位配合，共同商定取、弃土石的方案。对在创建生态环境时可能增加的工程费用，地方政府应从长计议，组织必要的人力、财力抓住公路建设的契机创建生态环境。

二、生态监控与环评在公路工程的应用

山区较之平原、丘陵地区的公路又有着许多不同的特点，公路建成后，工程安全与运营安全及环境污染上可能存在着某些不安定的因素，因此必须通过现代信息技术加强监控，完善监控系统设计，及时掌握有关的情况，以便对不利情况进行处理。

（一）环境污染监控

除对沿线收费站、停车区、服务区及隧道内污水和噪声污染进行监控外，更重要的是要对隧道内受污染的空气进行监控。汽车排放的 CO 是一种无色无味而人体感觉器官又不能分辨的毒性较强的气体，对隧道内该气体超过人体的承受能力时应实行自动报警控制。

（二）营运安全监控

山区公路营运安全受多方面的影响，必须对有关方面监控，应对雾区的分布、路段的冰冻情况、隧道内火灾等情况及时提供信息，让驾驶员预知前进方向的道路状况，以便提前采取相应的处理措施。

（三）工程安全监控

山区公路高、陡边坡较为多，顺层、泥石流、滑坡等地质病害较普遍，应对影响路基稳定和危及桥梁、隧道安全的隐患建立信息化管理，掌握工程安全动态，以便及时采取有关保护措施，避免重大事故的发生。

公路与环境是有机的结合体，公路建设离不开环境的影响，因此应将公路建设与环境影响评价有机结合起来，尽量做到"三个同时"，那就是在项目前期施工阶段，坚持公路建设项目与环境影响评价同时立项、同时建设、同时运营的制度。在工可研究阶段委托有相应资质的环评机构对项目沿线的弃土、弃渣、噪声、尾气、灰尘、生态恢复等进行综合评价，并把节约耕地和有利于环保作为方案评比的重要指标，在项目招标文件中明确约定中标单位的施工行为必须符合环保要求，否则将采取相应措施。项目开工前，可以聘请有关环保专家讲解环保要求和注意事项，特别是在项目实施过程中要经常加强环保检查和巡查，一旦发现问题要及时处理和整改，项目完成后，组织有关人员进行验收，达不到要求的一律不准参加交工和竣工验收，从制度上进行严格约束。

三、公路地质防治工程的应用

自然界内外动力的地质作用所产生的环境地质灾害，如地震、崩塌、滑坡、泥石流等，虽然是由自然原因引起的，但它们与公路工程活动是相互联系、相互影响、相互制约的，而且直接影响公路的运营环境。从形式来看，地质原因造成对公路的损害主要有：一是自然灾害，比如，因为泥石流和水毁期间的影响导致路基不稳定而造成的公路路基被冲毁、路基上下塌方等都是因为自然原因产生的公路灾害，这一类的灾害就本身而言，其公路沿线的边坡和护坡本身结构就很脆弱，一旦遇到其他外因的影响，地质结构会发生相应变化；加上内部的自然力作用，于是就会发生一系列公路灾害，影响公路的通行，这一点在山区公路特别是有地质灾害隐患路段极为常见。对此可以通过实施地质灾害防治工程对公路沿线环境进行有效治理，并采取相应的处理措施。二是人为灾害，人为的灾害显然是人的原因造成的，是因为在公路建设项目中，没有采用正确的方法和措施，破坏了主要是公路建设过程中产生的地质变化，比如，对地块的结构进行开挖，像公路的纵断面和横断面开挖、公路的降坡、路线的改线、软土路基的填筑等，因为这方面施工的原因导致地质结构发生相应的变化，破坏了原有的地质结构，在某些作用力的影响下，导致地质灾害的发生，影响了公路的沿线环境，甚至可以产生生态性的破坏。对于这一类的灾害，要求建设单位和设计单位在进行工程可行性研究前后对公路线形的选择要高度重视，同时，对公路沿线的地质情况要进行深入了解走访，掌握第一手资料，便于为下步设计做好充分准备，在设计中尽量不破坏原有的地质结构体系。

四、公路交通噪声的治理

公路噪声的来源很多，有施工过程中机械工作的声音，也有车辆运行时发出的声音，同时也有车辆轮胎与公路路面接触摩擦所产生的声音，等等。此类声音的产生对周边群众和行人及过往车辆都有很大影响。因此，在公路建设设计时可以考虑采用声屏障、加强路面的平整度、改善车辆性能等一系列措施减少各类噪声产生的途径和分散声音传播路径。尽量减少这种声音源的产生，通过各种措施减小因公路建设运营后带来的噪声污染，影响到沿线和周边群众的生活，这也是生态公路建设的要求所在，同时也是路域生态公路恢复研究的重要课题之一，不能简单地把公路生态研究作为生态景观学的延伸和发展，因为还要考虑到美学、生物学、设计和环境保护的方方面面，对此就公路噪声的防治也显得十分重要。在施工期间对居民点较多的地点应合理安排施工场地、时间和运料通道，降低声音的影响，加强对路面的质量把关和控制，选用较好的路面材料减少公路施工和今后运营期产生的噪声，对于公路附近的居民处根据路线情况修建声屏障，其高度和长度根据影响居民区的范围而定。根据公路沿线的风貌和自然环境，还要结合当地的风土人情，所以就选择材料和形式而言，也要充分考虑生态环境的因素，借助声学的原理，科学合理地设计声屏障的建立和设置的问题。总的来说，就是要通过一系列的技术处理和相应的声音减噪措施，来进一步美化和改善公路沿线的人居环境，为人们提供文明、健康、有序的生活作息环境，同时，这也是符合建立生态文明和构建和谐社会的要求。

第二节 基于生态保障的施工网络编制与优化

一、考虑生态影响的施工网络编制

（一）公路施工网络计划技术基本原理

网络图是由箭头和节点组成的，用来表示工作流程的有向、有序的网状图形。常见的网络图分为单代号网络图和双代号网络图两种。在网络图上加注工作的时间参数而编成的进度计划，称为网络计划。用网络计划对任务的工作进度进行安排和控制，以保证实现预定目标的科学管理技术，即称为网络计划技术。

在工程项目施工计划管理中，可以将网络计划技术的基本原理归纳为：

1. 把一项工程的全部建造过程分解为若干项工作，并按其开展顺序和相互制约、相互依赖的关系，绘制出网络图；

2. 进行时间参数计算，找出关键工作关键线路；

3. 利用最优化原理，改进初始方案，寻找最优网络计划方案；

4. 在网络计划执行过程中，进行有效监督与控制，以最少的消耗，获得最佳的经济效果。

（二）公路施工网络计划技术的优点

1. 可以把整个工程项目的生产过程的各个环节有机地组织起来，并指明其中的关键所在，从而可使各级管理者和管理人员既能统筹安排，考虑全局，又能抓住关键，合理协调资源，实行重点管理；

2. 可反映整个生产过程各项工序（活动）之间的相互制约和相互依赖的关系；

3. 可以进行各种时间计算，能在工序繁多、错综复杂的计划中找出影响工程进度的关键工序，便于管理人员集中精力抓施工中的主要矛盾，确保按期竣工，避免盲目抢工；

4. 能够通过网络计划中反映出来的各工序的总时差（即机动时间）和局部时差，更好地运用和调配人力与设备，节约人力与物力，达到降低成本和加快进度的目的；

5. 在计划的执行过程中，当某一工序因故提前或推迟完成时，能够预见到它对工程的影响程度，便于及早采取措施以充分利用有利的条件或有效地消除不利因素，保证自始至终对计划进行有效的控制与监督；

6. 能够设计出许多可行方案，并从中选出最佳方案。

（三）考虑生态影响的网络计划编制程序

网络计划技术在计划管理中起着举足轻重的作用，其应用的程序为：

1. 准备阶段

①确定网络计划目标：时间目标、时间—资源目标、时间—成本目标。

②调查研究

调查研究的内容主要包括：项目有关的工作任务、实施条件、设计数据资料，有关定额、规程、标准、制度等，资源需求和供求情况，制定生态环境保护和恢复措施。对地质不良地段采取的处理措施，对水土流失、环境影响的处理措施；施工方法、料场分布、运输方式、道路条件是否符合实际情况和环境保护要求；珍贵动植物和其具体的保护措施；有关经验、统计资料和历史资料；其他有关技术经济资料。

③工作方案设计

在计划目标已确定并做了调查研究的基础上，就可进行工作方案的设计，其主要内容包括：确定施工顺序，确定施工方法，选择需用的机械设备，确定重要的技术政策和组织原则，对施工中的关键问题的技术和组织措施的制定，确定采用网络图的类型。

在进行工作方案设计时，应遵循以下几项基本要求：尽可能减少不必要的步骤，在工序分析基础上，寻求最佳程序；工艺应达到技术要求，并保证质量和安全；尽量采取先进技术和先进经验；组织管理分工合理、职责明确，充分调动全员积极性；有利于提高劳动生产率，缩短工期，降低成本和提高经济效益。在公路建设中融入景观生态学的理念，采用生态保护和恢复技术，实现对生态环境最低限度的破坏和最大可能的恢复。

2. 绘制网络图

①逻辑关系分析。

②绘制网络图。

3. 时间参数计算

按照网络计划的类型不同，根据相应的方法，即可计算出所绘网络图的各项时间参数，并确定出关键线路。

4. 编制可行网络计划

5. 网络计划优化

6. 网络计划的实施

7. 网络计划的总结分析

为了不断积累经验，提高计划管理水平，应在网络计划完成后，及时进行总结分析，并应形成制度。通常总结分析的内容包括：

①各项目的完成情况，包括时间目标、资源目标、成本目标、生态目标等的完成情况；

②计划工作中的问题及原因分析；

③计划工作中的经验总结分析；

④提高计划工作水平的措施总结等。

二、全路段施工的特点

（一）工程项目多

在全线工程中不仅涉及道路、桥梁、隧道，而且在其中还有贯穿全线的防护设施以及附属设施等。因为不同的工程施工需要不同的工艺流程，因此，要注意到不同施工任务之间的衔接以及大型机械的流水组织。

（二）整体性强

全线工程的项目虽然很多，但是它们都不是孤立的，彼此之间都有紧密的联系。路与桥的衔接、隧道与道路的连接等都是相互联系、相互影响的。因此，要考虑到它们的相互配合，协调施工。

（三）施工单位多

承包商之间应积极配合业主的综合统筹，发挥计划协调作用。对于优化的全线施工网络计划应能够适应工程项目多、整体性强、施工周期长和施工单位多的主要特点。优化编制工作应从整体观点出发，以全线施工总工期为前提，结合各合同段所在地段的特殊生态环境，进行全面分析，统一筹划安排。即使在局部有所损失的情况下也应服从总体需要，使全线工程达到理想的要求。

三、全路段施工网络优化编制的原则

全路段的施工，由于工程项目不同、地理环境复杂、承包商多等因素造成要从总体到局部做到最优的协作配合较为困难。同时因为在施工过程中环境对施工的影响以及施工对环境的反影响都十分显著，且牵扯的范围广泛，在施工过程中情况也经常变化，组织与管理工作十分复杂。因此，要想将全路段的施工统一起来，在保证进度要求的基础上，将工程项目与环境和谐地融合起来，必须进行全面的统筹安排，使得局部的施工网络计划与整体规划环环相扣，不论从整体上或是局部上都将对环境的保护与施工紧密结合起来。也就是说，在优先考虑环境的前提下，采取大统筹与小统筹相结合，建设项目的总体网络计划与各合同段的分项网络计划相结合。总体网络计划起调控作用，控制总工期与环境保护工作之间的协调。通过综合各家施工单位的施工网络计划汇总，编制能够起到调控作用的群体网络图，并结合生态环境要求进行资源、进度、费用的优化，然后再用到各合同段指导实际分项工程的施工，达到动态管理、动态优化的目的。

四、全线施工网络编制

通常群体网络图的编制分为四级编制，各级编制根据管理的角度不一而制定，它们分别是：

一级网络为项目的群体施工网络图，编制的内容主要是从整体出发，考虑全线的特殊生态环境，以便于协调各施工单位之间的施工工序，将全线施工对环境的影响降到最低，它属于控制性网络。

二级网络为各合同段内的工程网络图，主要由负责该合同段施工建设的单位根据自身的实际情况编制完成的网络进度图，属于指导性的网络，可以帮助施工单位在施工过程中调整和配合整体工程项目目标使用。

三级网络图，该级网络图的编制主要针对的是单位工程或是专项工程项目，或是单位工程的分层、分段之间的施工安排等。它是现场施工人员借以安排施工和组织资源进场的计划安排，属于现场实施性网络计划。

四级网络图，即是细部工程网络图，是对较大工程的细分，如桥梁的基础施工、路基施工等，整个工程包括细部工程的施工网络计划图都在一张网络图上绘制，这种网络计划图达到了最细的程度，可以帮助工地直接安排人员施工，并帮助现场管理人员检查评价各个工序的完成情况，可借以作为下达下一任务计划的依据。

五、施工网络优化

落实到各个单项，施工网络计划优化的目标为：

1. 施工工期短。

2. 资源消耗合理。

3. 施工费用低。

4. 对生态破坏小。

建立关于工期、费用和资源的多目标模型步骤：

1. 根据已编制的初始网络图，求出各工序的时间参数，确定关键线路。

2. 根据网络计划的工期—费用模型计算步骤，对网络在一定工期下的直接费用和间接费用进行计算，在满足工期压缩条件下不断压缩工期，直到工期不可压缩为止，从而得到一系列工期及相应的总费用。

3. 在以上得到的有限个工期和费用的组合下，根据网络计划的资源均衡模型计算各个组合下的资源均衡系数。

4. 由此可以得到有限个不同工期、费用和资源均衡系数组合的施工方案。

六、群体网络图优化

资源优化：通常提到的资源优化是指施工中所涉及的劳动力、材料以及施工机具设备等资源。

进度优化：进度计划即是时间的优化，时间优化的前提条件就是资源有限，在对全线的群体资源优化后，对比施工工期与要求的总工期是否协调一致，然后进行工程进度的优化，如通过缩短关键工作的持续时间来对时间进行优化。

费用优化：费用优化也就是我们通常说的成本优化，即是在工期限定的前提条件下，将施工费用降到最低。因为如果在一项施工中，如果要加快速度，通常都需要增加劳动力、材料供应和机械设备等，而这些必会引起成本的增加。

由上面三个优化可以看出它们之间是相互影响、相互制约关系。时间优化是以资源有限、工期最短为条件的；成本优化条件是工期限定，而资源优化是以工期最短为前提的，所以，在最初形成的群体网络计划基础上，根据不同的优化目标，通过不断地调整网络计划的时间参数，寻找出最优的网络计划方案。并根据工程的实际进度，对工程施工计划进行动态优化和管理。

第三节　路基、路面及桥梁施工生态保护技术

一、路基施工生态保护技术研究

（一）高速公路边坡坡面的特点

高速公路是全封闭、全立交四车道以上的干线公路。为适应车流量大、确保分道、安全、高速行车，路面设计要求达到宽、直、平。修筑高速公路的路基施工时，在地形起伏

较大的地段，高出标高的地方要挖方，低于标高处应填方。相比其他工程建设边坡，高速公路边坡的坡面特点及立地条件有其自身特点。

1. 原有植被与表土遭到破坏，表土抗蚀能力减弱

公路在施工过程中，因开挖使地表植被遭到破坏，原有表土与植被之间的平衡关系失调，表土抗蚀能力减弱，在雨滴和风蚀作用下水土极易流失。公路施工过程中挖方及重力作用破坏了坡面原有的良好结构平衡，而雨滴的浸泡又增加了坡面的负担，加剧滑坡和崩塌的发展，严重时造成滑坡、泥石流等。

2. 公路边坡小气候复杂，限制因子多

研究发现，裸露的公路边坡风速比林地大 15 倍，比草地大 8 倍。风速大，风蚀往往严重，极其不利于水分保持。由于风速大，造成了水、热的重新分配。加上土壤贫瘠、温度变化大等原因，形成了复杂多变的小气候，不利于植物正常生长。

3. 边坡坡度较大

由于坡度大、土壤渗透性差等原因，边坡土壤对降水截流较小。这一方面容易造成水土流失和光、水的再分配，另一方面由于水土流失导致坡面土壤贫瘠，立地条件差，不利于植物生长。

（二）高速公路的阳坡或半阳坡侵蚀更为严重

高速公路的阳坡接受的热能辐射量较大，土壤昼夜温度变化大，干湿交替较剧烈而频繁，物理风化强烈，水分蒸发快，湿度低，不利于林草生长，植被覆盖度低，土壤中植物根系和有机质含量少，团粒结构差，土壤干燥疏松，抗冲蚀性能差，抵抗雨滴溅蚀能力弱，故极易造成土壤侵蚀。另外，阳坡为迎风坡，降雨几乎垂直作用于坡面，击溅力最大，同时风又加速了雨滴的重力加速度，加速了土壤的侵蚀。

由于高速公路路基通常较高，地形开阔，空气对流快，造成冬季气温很低，使植物冻伤死亡；春季地温回升慢，夏季温度较高，使植物灼伤甚至死亡。另外，白天气温升高快，夜间散热快，昼夜温差较大。

（三）边坡坡面侵蚀机理

公路边坡大面积暴露于自然界，长期受到自然因素（雨水、日照、气温、风力等）的反复作用，边坡岩土的物理力学性质常发生变化。土质边坡浸水后湿度增大，土的强度降低，饱和后的土体强度急剧降低；岩性差的岩体，在水温条件下，加剧风化，边坡表面在温差和湿差作用下形成胀缩循环、干缩循环，导致岩土强度衰减和边坡剥蚀；地表水流冲刷、地下水源渗出，使岩土表层失稳，产生"鸡爪沟"，易造成和加剧边坡的水毁病害。

边坡的失稳与许多因素有关，地质构造、岩土性质、地形地貌、气候条件、地表水作用、地下水活动、地震、人类工程活动等都可以引起滑坡等边坡失稳现象。在这些因素中，水是产生边坡失稳的重要因素之一。地表水的冲刷，地下水的活动与其水压力以及暴雨激发等往往是诱发边坡失稳的主要因素。许多在旱季稳定的边坡，会在降雨时期失稳。据统计，在国内大气降雨是绝大多数滑坡的主要触发因素或促发原因。因此，研究降雨对边坡稳定的影响很有必要。

降雨对土质边坡的侵蚀包括使部分泥沙颗粒从边坡中分离及随后的坡面水流对其搬运而产生的面状侵蚀和沟状侵蚀。

1. 降雨溅蚀

降雨溅蚀是垂直降落的雨滴击溅边坡土壤将其搬离原位而产生的侵蚀。在边坡面上击溅起来的土粒大部分向下坡方向。雨滴溅蚀力的大小与雨滴到达地面时所具有的动能成正比。雨强越大，雨滴直径越大，其动能越大，溅蚀力越强。当雨滴离地面 9 m 以上自由降落时，其到达地面时的速度将达到均衡，在坡面上，薄层水流的存在对溅蚀具有很大的影响。

2. 面状侵蚀

面状侵蚀是坡面发育中的主要侵蚀形式。它是指面流在流动过程中比较均匀地冲刷整个坡面的松散物质，使坡面降低，斜坡后退。长期侵蚀的结果，使边坡中部表土下移，中部凹陷而坡顶凸出。山坡面上搬运的侵蚀物质大都堆积在坡脚，久而久之，坡脚处形成深厚的堆积层。坡面剖面为上凸、中凹、下直的形态。影响面状侵蚀的主要因素有降雨、植被、坡面岩土结构、坡面形态及人类活动等。

3. 坡面形态

（1）坡度和坡长

边坡坡度和坡长分别影响流速和流量。从理论上讲，坡度越大则流速越大，侵蚀力也越强。但实际研究表明，坡度在 400～500 时侵蚀量最大，超过此坡度时，侵蚀量反而减小。原因是坡度越大，实际受雨面积减少，从而也减少了流量。从坡顶到坡脚，随坡长的增加，水流逐渐增大，侵蚀力逐渐加强，但在侵蚀力不足以克服抗蚀力前，侵蚀不会发生。当坡长增加使水流的侵蚀力超过抗蚀力时，侵蚀随坡长将逐渐增大。

（2）坡向

不同坡向的坡面接受阳光的多少和风力作用下坡面接受的雨量和受雨滴打击的强弱不同。一般而言，阳坡（东南坡）由于接受较多的阳光照射，土壤水分蒸发较快。早期土壤水分低下，不利于植物生长。因此不论在黄土高原，还是在南方地区，阴坡植被多比阳坡好。在炎热的夏季，我国南方某些地区光裸的阳坡由于受太阳暴晒时间较长，地表温度可高达 70 ℃夜晚又降到 20 ℃左右，巨大的昼夜温差是地表物质风化的主要原因。风力作用使雨滴下落方向与坡面的夹角在迎风坡增大，在背风坡缩小。雨滴下落方向与坡面夹角在迎风坡的增大作用实际上增加了迎风坡的雨滴打击力，也就是增加了迎风坡的坡面侵蚀。

（3）坡形与坡面微形态

直形坡，愈向下坡水流汇集愈多，流速愈快，侵蚀随之加强。凸形坡，坡面上缓下陡，上部侵蚀冲刷较弱，而下部比较强烈。凹形坡，坡形上陡下缓，坡面上部坡长较短，径流汇集较少，坡度较大但侵蚀冲刷不强烈。坡面中部坡度居中，侵蚀较强。坡面下部由于坡面减缓，流速降低，坡面水流的挟沙能力减弱，由上部搬运下来的泥沙易在下部沉积。

4. 沟状侵蚀

时分时合的线状流随着后续水流的汇集，逐渐聚集成股状水流，并产生细沟侵蚀，形成细沟。坡面一旦产生细沟，侵蚀即由面状侵蚀变成沟状侵蚀。水流的形态、侵蚀力等都发生变化。侵蚀沟是坡面最显著的特征之一，在侵蚀严重的边坡上，密布的侵蚀沟将坡面切割得支离破碎。沟状水流所具有的侵蚀和搬运力远远大于雨滴溅蚀和坡面水流的侵蚀与搬运力，因而是新开挖边坡破坏直至失稳的重要外力。

（四）植物防护的力学效应

1. 根的分布形态

生长在一株植物上的根可以分为三种：侧根、竖向（垂直）根和须根。植物根的形态决定了它对边坡稳定所起的作用，如垂直根和侧根所起的作用是不同的。一般来说，含有较多的竖直向下地穿过潜在剪切滑动面的强劲须根的根系，提高抗浅层滑坡的能力。

2. 土中根的含量

土中根的含量不同，根对土的加筋作用的效果不同，因而植物对边坡稳定性的影响程度就不同。随着深度增加，根在土中含量越来越少。衡量根在土中含量的一个常用的指标是"根的面积比率"（Root Area Ratio，简记为 RAR），它指的是在一个土层断面上（水平断面或垂直断面）根的截面面积与总断面面积的比率。还有一种衡量土中根的含量的方法就是"根的生物量集度"，即一单位体积土中根的质量，它和 RAR 存在一定的转化关系。

3. 植物防护的生态效应

高速公路的建设中占用了大量的土地，并且改变了原来的生态环境和植被及动物的栖息地。建设高速公路的同时，应尽可能最大限度地恢复被破坏了的生态环境，尽一切可能地保护动物、植物的多样性，这样才能最终体现高速公路的生态效益。高速公路的生态恢复后效益体现在：

（1）恢复被破坏的生态环境功能

边坡植物的存在为各种小动物、微生物的生存繁殖提供了有利的环境，完整的生物链又逐渐形成，被破坏的环境也慢慢地恢复到原始的自然环境。

（2）保持水土功能

为了保护边坡的稳定，可以利用植物材料进行防护，植物的根系纵横交织，十分发达，能有效地增加土壤机械固着能力，对提高防冲与防蚀能力、保持水土、稳固路基非常有效。它可截流，阻挡雨水直接冲击坡面，加大坡面的粗糙度，减少地表径流，防止路基变形及坡面坍塌。另外，路基的稳定和含水量有很大关系，路基含水量过大，是造成路面破坏的重要原因之一。尽管在路基设计中，考虑到一定的排水和隔水的措施，但若把工程措施与生物措施结合起来，起稳定路基的效果会更佳。因为植物的蒸发作用和毛细管水的输导作用，都大量消耗地下水，从而抑制了地下水的上升，增加了路基的强度和稳定性。净化大气，促进有机污染物的降解。

（3）降低噪声的功能

汽车噪声是噪声公害的主要来源，公路绿化的目的也在于降低汽车噪声对环境所造成的危害。这是因为树木有散射声波的作用，能够把投射到叶片上的噪声分散投射到各个方向，造成声能消耗使其减弱；枝叶表面的毛孔绒毛，能像多孔纤维吸音板一样，把噪声吸掉。生长茂盛的野牛草，叶面积相当于它所占地面积的 9 倍左右，茂密的叶片形成松软而富有弹性的地表，类似海绵的吸收声能，减缓噪声危害。据北京园林科学研究所测定，20 m 宽的草坪，可减少噪声 2 dB。

（4）改善路况、美化路容功能

高速行驶的车辆，由于风流、摩擦、燃油能量转化过程，使环境的湿度降低，温度升高，恶化道路的小气候。应用植物防护，则能调节小环境的温度和湿度，创造一种温暖适宜、湿润舒适的行车环境。改善道路景观，恢复沿线的生态环境。通过公路两侧的绿化，使沿线乏味不雅观的环境得到改善，恢复了原有的植被景观。特别是四季交替变化的树木花草赋予了道路沿线不同的景观容貌，不仅反映了道路线形的优美，而且给司机和乘客提供了动态变化的视野景观，让乘客感到心旷神怡，司机消除疲劳。

（5）防止光污染功能

高速公路车速快，流量大，夜间由于行驶的车辆于前照灯相互对射的影响，极易造成驾驶员的炫目，对行车安全十分不利。利用中央分隔带植物防眩折光，既可节省资金，保证安全，又美化了公路环境。同时汽车灯光会使高速公路附近住户、居民和机关学校等单位受到光污染干扰，如在这些地方种植树木挡住灯光就可预防光污染的危害。

（五）路基施工取料场的设置

取料场选址的原则是取料场应尽量少占土地，少破坏植被和减少水土流失保护与改善生态环境。

在以下区域不应设置取料场：

1. 崩塌滑坡危险区和泥石流易发区。

2. 取料场不应危及公共建筑等设施的安全。

3. 取料场宜不占或少占林地、耕地或园地。

4. 取料场宜远离江河、湖泊和水库管理范围。

5. 取料场的设置应考虑对景观的影响。

6. 取料场的选址对噪声的要求。

7. 河道内设置的取料场不应影响河势的稳定。

8. 在特定区域设置取料场的规定。

二、路面施工生态保护技术研究

（一）拌和场、预制场等场地的选址

拌和场、预制场、料石场等应该尽量布置在公路的规划设计中是服务区的地方。在拌和场、预制场、料石场工作结束之后，这些地方就开辟为服务区。拌和场、预制场、料石场等场地内的一系列工作对当地的土壤、大气等产生较大的破坏，恢复其如初的难度较大。所以要把它们布置在规划设计中是服务区等人员活动密集的地方，利用这些地方来减小拌和场、预制场、料石场对生态的破坏。

（二）弃渣的处置

公路工程设计中弃渣处理是一项重要的内容，如果处理不好就会成为水土流失或泥石流（或水石流）的土石源。水土流失危害极大，它可冲毁土地，减少农田，给农业生产造成严重损失；降低土壤肥力，减少产量，严重制约粮食产量的提高；淤塞抬高河道，洪水泛滥，破坏交通，威胁人民生命财产安全；水土流失使土层变薄，植被破坏，大大降低蓄水能力，加剧洪涝灾害的发生。

公路工程弃渣主要来源于路基工程、隧道工程、桥涵工程、建筑工程、便道工程、生活垃圾及取料场的清表。在工程设计中，一般尽可能做到填挖平衡，或通过纵向调运，用工程弃渣填筑路基，实现土石方平衡。但是，在很多条件下公路项目会出现工程弃渣。

1. 弃渣利用

针对工程弃渣，经过研究与实践有下列的方法可以采用：

（1）弃渣造田

我国是人均耕地缺乏的国家，公路路基占地无疑使耕土资源更加紧缺，任何时候公路设计时都应尽可能地选择造地方式。利用公路弃渣造地已有较成功的经验，一般首先采取挡护措施，再分层填倒工程弃渣，做排水处理，最后整平上部覆土造田。在选用冲沟或河滩造地时需要考虑地区泄洪，防止水流不畅引发洪涝灾害。

（2）弃渣绿化造景

虽然造地是处理弃渣首要的选择，但由于农田对土质和日常操作条件要求较高。在一些情况下造地是一种不合理的选择。

（3）弃渣利用

在大石山区，工程弃渣可作为石源，加工成各种规格的石材，供应市场。有些质量达到标准的石料，可用于铺设路基或路面的材料。

2. 弃渣场的选址

弃渣场选址的原则是公路弃渣场应尽量少占土地，少破坏植被和减少水土流失，保护和改善生态环境。同时，还应尽量减少弃渣场挡渣墙、排水沟等防止水土流失工程措施的数量。

在以下区域不应设置弃渣场：①崩塌滑坡危险区；②泥石流易发区；③特定有关地区；④弃渣场不应危及公共建筑等设施的安全；⑤弃渣场宜不占或少占林地、耕地或园地。

我国人口众多，人均林地、耕地或园地相对较少。这三种土地类型具有较好的经济、社会或生态效益，十分宝贵，因此确定本条内容。

三、施工期间水土保持技术

（一）水土流失的特点

公路项目水土流失主要集中在施工和营运初期。在美国进行的观测表明，大暴雨从不稳固的高速公路和道路路基上冲走的土壤比从耕地上冲走的土壤要多 10 倍。水土流失的直接起因是植被的破坏。在公路修建后留下的裸地，雨水形成地表径流流失。暴露的工作面还会使植被更难以生长，这类问题在原来植被覆盖度就很低的北方山区，更具有代表性。当植被覆盖了裸露面之后，流失过程趋于稳定。

水土流失特点：

1. 破坏公路用地范围内的地表植被，产生新的裸露坡面，诱发新增的水土流失量。

2. 取土、弃土、弃渣产生的水土流失。

3. 临时占地及土石渣料的水土流失。

（二）水土流失的形成机制

1. 水力侵蚀

公路建设施工填挖面、砂石料采集场及施工过程中产生的渣、土等松散堆积物，因其结构疏松，孔隙度大，在雨滴的打击和水流的动力作用下，渣土颗粒质量不足以抵抗水流动力而发生位移运动，形成水土流失。水力侵蚀的动力主要为雨滴击溅、坡面径流冲刷、沟槽水流冲刷三种外力，雨滴击溅引起溅蚀，后两者引起面蚀和沟蚀。

2. 重力侵蚀

在道路建设中，开挖土石方及采集砂石料时，改变了原有地形地貌，使原有地表土石结构平衡遭到破坏。有的山坡土体的休止角变大，失去原已形成的平衡支撑；有的弃渣堆积过高，使得这些原生堆积和人为堆积物失去重力平衡，在雨水渗入后加重了堆积物的自重或在堆积体上方某处形成"滑坡面"，这些都为崩塌、滑坡、泄流等重力侵蚀创造了条件，在温度、暴雨、水分下渗、振动及人为活动的触发下，有可能产生崩塌、滑坡等重力侵蚀，产生新的水土流失。

3. 泥石流侵蚀

泥石流侵蚀是由于降水（暴雨、融雪、冰川等）形成的一种特殊洪流，也是水力和重力混合作用的结果，因此也称为混合或复合侵蚀。严格地说，它是："界于水流和滑坡之间的一系列过程，是包括有重力作用下的松散物质、水体和空气的块体运动。"

4. 风力侵蚀

施工过程中及工程竣工后的 1~2 年内，由于地表植被尚未完全恢复，使得施工区内地表裸露，轻质渣土在风力作用下易产生剥蚀而漂移。

（三）产生水土流失的主要形式

1. 填方路基

在山间洼地，工程需要大规模的填方作业，将形成许多较高的路堤，这样在一定时间内坡面暂时处于裸露状态，松散的土壤上没有植被保护，容易在雨水中产生侵蚀，填土越高，坡度越大，坡面越长，侵蚀的程度越严重。高填方路段的水土流失，还使边坡松软的土壤被雨水冲入农田，另外，填方路段附近的植被还会遭到施工机械的碾压或被铲除，导致水土流失。

2. 挖方路基

挖方路段主要指路堑及半填半挖的路基。山体的切割使坡体产生扰动，影响土体结构，降低抗蚀性，且基岩风化后结构松散，稳定性低，在降雨径流中冲刷下极易形成沟蚀；另外由于开挖破坏了植被或弃方埋压坡下的植被，裸露的坡体极易被降水侵蚀。

3. 不良地质路段

沿线部分地区分布有一些滑坡体，在施工过程中切坡将会破坏山体的自然平衡，诱发、加速、加大滑坡的产生。岩体破碎的挖方段，产生崩塌也是水土流失的发生源。在雨季，特别是开挖山坡地段施工时，会有部分水土流失。

4. 取（弃）土场和砂石料场

高速公路在修建过程中须开采大量筑路材料修筑路基及桥隧工程。丘陵路段还将产生大量的废弃土、石方。若为数众多的取土场、弃土堆和石料场处理不当，将会严重破坏沿线的自然地貌，人为产生水土流失。另外，施工弃土的土壤结构松散，弃土渣中含有大量的破碎岩块，其稳定性、抗蚀性都较差。当雨季来临时，弃土（渣）堆周围产生水土流失。

（四）公路工程中水土保持措施

1. 公路工程中常用的坡面防护措施

（1）植物防护

在边坡上种草或铺草皮，既可阻止风对坡面的吹蚀和地表水对坡面的冲刷，又可绿化路线、增加美观。在冲刷不严重的较缓而高度不大的土质坡面上，可选择适合于当地土壤和气候条件的草籽，直接播种于其上。在风蚀或冲刷较严重的较陡（但不陡于1∶1）和较高的土质坡面上，则可采用满铺草皮（平铺或竖铺的方法）。

（2）边坡防护网

在公路挖方路段或半挖半填路段的边坡采用防护网可以起到紧固土壤的作用，防止边坡的滑塌，保护边坡稳定。防护网可以用铁丝或尼龙材料制造。在国外的一些公路工程中常可见到这类实例。

（3）砌石护坡

对于较陡的土质边坡（1∶0.75~1∶1）和易风化或破碎的岩石边坡，可采用砌石护坡。砌石有干砌和浆砌片石两种，前者适用于边坡坡度较缓或经常有地下水渗出坡面的情况，后者适用于坡面较陡的情况。

（4）抹面

在夹有易于风化的软质岩层的路堑坡面上，由于软质岩层风化较快，常常剥蚀而成凹坑，引起上部具有节理的硬质岩层的坍塌和落石等病害。对此，可采用抹面的措施，防止开挖后软质岩层的继续风化。

（5）护墙

由浆砌片石组成，用以防护坡度较陡的土质边坡或易风化剥落和节理发达的岩石路堑边坡，避免进一步风化而出现崩塌和剥落等病害。护墙不承受墙后的侧压力，故所防护的边坡坡度应符合稳定坡度的要求，一般不陡于 1∶0.3。

2. 公路排水措施

防止土壤侵蚀的主要方法之一是控制地表径流流量、水流方向以及水流速度。常用的控制措施如下：

（1）在坡顶和坡底开设截水沟，利用排水沟和溢洪道来控制坡地的下冲水流。

（2）开挖排水沟，以阻止水流进入敏感区域，并采用多条排水沟分流的方法，使水流不至于汇集得太大。

（3）在排水沟中修建混凝土消能构筑物，使急速流动的雨水得以减速，以减少对下游产生的侵蚀力。

（4）在排水沟中设置各种消耗水流能量的天然材料。但这些材料需要得到经常维护。

（5）在公路两侧构筑沉淀池，使水流在进入下游排水沟之前，沉淀去除其中所含淤泥、污染物以及路面垃圾。

四、施工期间防尘技术

1. 通风除尘

这是稀释和排出工作地点悬浮粉尘，防止过量积累的有效措施。要排出井巷中的浮尘必须有一定的风速，据试验观测，当岩洞中风速达到 0.15 m/s 时，5 μm 以下的浮尘将随风带走。当风速过大，会导致岩尘的二次扬起，试验测定，最优排尘风速为 1.5~2 m/s。

2. 湿式作业

湿式凿岩：它是在凿岩过程中，将压力水通过凿岩机并充满孔底，以湿润冲洗和排出产生的岩尘，操作要保证有足够的供水量。

湿式钻眼：就是用湿式电钻在岩层中钻眼，具有好的水密封性能。

水封爆破：即在炮眼底部装入炸药后，用木塞或黄泥封严，封口后向孔内注水，再进行爆破。当炸药爆炸时所形成的高温、高压使水迅速汽化，然后冷凝形成微小水滴，并和粉尘加速碰撞而凝结，使粉尘渐渐沉降而不致飞扬。

洒水防尘：就是在岩石工作而事先喷水，操作中继续喷水，使岩尘降落，浮在周壁，以便在装运过程或受风流作用时不易扬起而造成积尘二次飞扬。

喷雾降尘：就是利用各种喷雾器，将水雾化成微细水滴喷射于空气中，使水滴与浮尘碰撞接触，则尘粒被水捕捉而附于水滴上或者被湿润，且尘粒互相凝结成大颗粒，从而加速沉降，快速变为落尘。

喷射混凝土采用湿喷法：用湿喷法比干喷法可降低粉尘 85%。

机械除尘：在距掌子面 30 m 处和其他粉尘浓度较高的地方安装除尘机，采用机械除尘，达到降低粉尘浓度的目的。

3. 密封抽尘

这种方法是把局部产尘点首先密封起米，防止岩尘飞扬，然后将岩尘抽到集尘器内，含尘空气通过集尘器将尘粒阻留使空气净化。

4. 净化空气

就是在岩洞中增设特定的设施或设备，当含尘空气通过时，将岩尘捕获净化风流的技术措施。目前使用较多的是水幕，就是在岩洞中靠近尘源位置四周断面安设多个喷雾器，当含尘浓度较高的风流通过时，岩尘被湿润而沉降下来。

5. 个体防护

岩洞中各生产环节采取防尘措施后，仍有少量微细岩尘悬浮于空气中，甚至个别地点不能达到卫生标准，所以，加强个体防护是综合防尘的一个重要方面。个体防尘主要有防尘口罩、动力防尘口罩、压风呼吸器和防尘安全帽等。进入岩洞的人员按规定佩戴防护用品。

五、施工期间噪声控制

1. 依靠屏障（包括防噪墙）降低噪声

凡是可以遮断声源至接收点视线的一切实心体屏障，不论是天然的还是人造的，均能降低噪声。居民分布区，可以在施工前建造声屏障，以防止施工期间的巨大噪声对周围的动植物及居民造成不良影响。

（1）建造声屏障应符合下列规定

当公路距敏感点较近、用地受限且环境噪声超标 5 dB 以上时，可采用声屏障。

声屏障应设在靠近声源处，路堤地段声屏障内侧距路肩边缘不宜大于 2.0 m；路堑地段则应设在靠近坡口部位；桥梁地段可结合护栏一并设置。

声屏障的高度应根据噪声衰减量、屏障与声源及接受点三者之间的相对位置、公路线形、地面因素等进行设计。

为了降低声屏障的风荷载，声屏障高度不宜超过 5.0 m，如须超过 5 m 时可将屏障的上部做成折形或弧形，将端部伸向道路，以使更接近声源。

声屏障紧急疏散口是供公路上发生事故时紧急疏散使用，当声屏障长度大于 1 km 时，应设紧急疏散口，疏散口之间距离不宜大于 300 m，疏散口处设置标志，疏散口不能过大，门扇应密封易开启。

声屏障结构设计应做强度计算和抗倾覆稳定性验算。

声屏障临公路侧的表面应减少对声波、光波的反射，其形式和色彩应与周围环境相协调。声屏障的材料构造直接影响其技术性能、造价及寿命等，是声屏障设计的关键之一。声屏障材料应具备隔声、高强、低眩、耐久、耐火、耐潮、施工简便等性能。

声屏障的长度应大于其保护对象沿道路方向的长度。由于有限长声屏障的噪声衰减量比无限长时要小，因此，设计时，应根据保护对象的性质、规模和声屏障的造价等，综合确定声屏障的长度。

（2）声屏障的构造

砌块类型：用预制砌块砌筑成的声屏障。砌块的材料种类较多，常用的有黏土砖类、水泥混凝土类、陶粒混凝土类及炉渣、蛭石等轻质混凝土砌块类。砌块的形状可根据声屏障的形体需要制作。它的优点是施工方便，造价较低，具有高强度、耐火、耐腐蚀等性能。

板体类型：声屏障的壁体用板型材料建造的称为板体类屏障。采用的板材有混凝土板、金属板、木板和高强塑料板等。用轻质板材时，为提高其隔声量应采用复合板材。板材类型的声屏障施工简单，但造价较昂贵，常用于城市高架道路或市郊公路。

生物类型：屏障的材料构造趋向自然生态类型。例如，采用混凝土槽砌筑屏障壁体，在槽内填土绿化种植；在路侧筑土堤，在土堤表面绿化种植，当土堤较高时在土堤外设砌块护面或分层梯状砌筑，在砌块间绿化种植等，以形成生物墙。生物类型声屏障的优点是声学性能好，能与周围环境较好地融合，不影响环境景观，当地民众对它们有认同感。

双层隔声墙板：在工地段须设隔声地段，采取用双层隔板，效果会更好。一般而言，每个单层均质墙板的隔声是随频率而变的。在很低频率范围内，即低于墙板的减震频率时，它主要是由板的劲度所致，这时墙板受声波激发后，其作用类似一单位面积劲度均匀的等效活塞。在此频率段墙板的刚性愈大、频率愈低，隔声量就愈高。而二层隔声墙板的效果就会更好，因此，二层之间有空气层相隔的双层分层墙板可以使隔声量大大提高，以至于超过质量定律，因而在考虑轻型结构隔声时，这种构造形式特别有用。

2. 依靠公路绿化带降低噪声

从传播途径进行治理，常见的工程方法包括修建声屏障和种植防噪林，但是声屏障造价较高，对于降噪目标量不大的情况下，发展绿化带来减小周围环境大气和噪声污染是公认的最便宜方法。

绿化带被认为是自然降噪物。尽管绿化带不像实体墙那样能成为隔离空气声传播的有效屏障，但树木有浓密的枝叶，比粗糙的墙壁吸声能力强，能够减少声音的反射。当噪声通过树木时，树叶表面的气孔和粗糙的须毛，能吸收一部分声能，尤其能隔离高频的车辆噪声。又由于树木对声波有散射作用，通过枝叶摆动，使声波减弱而逐渐消失。枝叶吸收声能通过声场中空气分子动能转化为叶子的振动。因此，从声能中分离出来的振动能一部分因枝叶的摩擦转变为热能而散失。

据测定，40 m 宽的林带中减低噪声 10~15 dB，30 m 宽的林带可吸收 6~8 dB 的噪声。城市公园中成片树林可使噪声降至 26~43 dB，使噪声接近于无害的程度。在两侧没有种树的街道上，其噪声要比两侧种满树的人行道大 5 倍，绿化的街道可减少噪声 8~10 dB。一般来说，树冠矮的乔木和灌木比树冠高的乔木防噪声的能力大，灌木的吸音作用更显著。

乔、灌木搭配密植，树木高大，树叶茂密的绿化带的附加降噪估量如下：

林带宽度为 10 m 时，附加降噪量 1~2 dB。

林带宽度为 30 m 时，附加降噪量 3~5 dB。

林带宽度为 50 m 时，附加降噪量 5~7 dB。

林带宽度为 100 m 时，附加降噪量 10~12 dB。

根据绿化带的降噪特性，栽植绿化林带防治噪声可根据下列指导和规定：

为保证降噪绿化效果，防噪林带采取沿公路两旁先低后高分层次种植。选择几种植物混种，以便取长补短，在车道近旁可栽种灌木，稍远处可以种植草地，再远处可栽种乔木林带，并探索出不同的地方用不同的植物配置原则。树木一定要求速生且高大，能很快超过路堤高度形成自然屏障；防噪林的效果会因声波频率、树林的密度和宽度而异，所以，林带要种得密、足够宽，而且要根据土壤选用树冠矮、分枝低、枝叶茂密的灌木与乔木搭配构成防噪林带，阔叶的树木比针叶树木的单位吸声量大。

绿化带的降噪作用不仅与种植参数有关，而且与声源及接收者离地高度有关。

2000 Hz 以上的高频，其波长往往比树叶小，故树叶只有遮挡视线和高频声的作用，而对中低频的吸收较好。

林带位置应尽量靠近施工路段。其间距宜在 6~15 m 之间，林带宽度一般不小于 30 m；林带高度宜在 10 m 以上，灌木高度不宜小于 3 m；长度应大于受保护点的长度。

注意树木的株行距，保证树木得到充足的生活空间、水分、养分、光。以 72 杨、69 杨为例，一般 1~2 年生幼树树冠在 2~3 m，2~3 年生可达 4~5 m，3 行以上的成片、速生丰产林行间距为 3 m×3 m。对防噪林的采伐要严加控制，在经济林成熟以后，采伐宜分期分批进行，采伐后要及时补种新树。

要保证一年四季都有降噪效果，耐寒树木不可少，可选用蜀桧柏和独木女贞等常见的耐寒树种；为了提高抗病虫害的能力，树种应有多样性，错落有致，形成一个良好的生态群落，也有利于树木成活与降噪，减少管理和维护；考虑林木色彩搭配合理，避免单调呆板，增加色彩与美观。林带衰减与宽度成正比，与能见度成反比。林带要有一定的高度和长度才有降噪效果。每 10 m 林带总的噪声衰减在 3 dB 左右。枝叶和有腐殖质的地面对中低频衰减较好，而树干对高频衰减较明显。利用绿化带降低噪声，其效果取决于树种、能见度、种植宽度、树冠高度、枝叶密度以及季节变化等，其中，能见度和宽度是最重要的两个因素，在噪声源与建筑物之间，要合理配置常绿（或落叶期短）乔木和灌木组成的绿化带，且靠近噪声源植树比靠近防护对象植树效果要好。林带最好是稠密的高树，分枝点低，枝叶茂密，垂直分布，且高矮搭配。

3. 修筑路堑或假路堑降低噪声

假路堑是利用施工废土或工业废渣在公路旁修筑成堤状构造物。路堑形式若满足不了降噪要求，可适当将路堑土方再填高或修筑墙体。当拟建公路两侧的声环境敏感附近环境条件及水文地质条件许可的前提下，可以修筑路堑路基。路堑的深度可视公路侧环境敏感点预测的环境噪声超标情况而定，路堑的长度可视敏感点沿走向所占的范围而定。

填筑工程弃方防治公路噪声，应符合下列规定：

（1）应对用地的可行性进行分析论证，并注重与景观协调。

（2）工程弃方填筑高度、长度可参照规范的规定设计，其边坡坡度应根据当地土质条件、地形、地物确定，填筑体应压实，保证稳定。

（3）采用建筑垃圾或工业废渣等废弃物填筑时应用土壤包覆，不得外露，并及时绿化。

（4）填筑体表面应绿化，有条件时应在其表面及周围做美化栽植。

4. 采取土堤、墙体和植树的组合方式降低噪声

这种降低噪声形式的墙体高度较低，可减少由于高墙带来的压迫感，造成作业工人的心情不舒畅而引起的施工事故，确保了植树的空间，取得了降低噪声、遮蔽声源的效果。采取这种综合的办法降低噪声效果更佳。

5. 其他措施降低公路噪声

运输车辆噪声主要影响料场至施工工地间道路旁的居民；机械噪声则主要在公路施工地段。从对居民的影响看，主要是前者。因为料场至施工地段道路两边的村庄较多，有的道路就是从村庄中通过的，而施工公路地段两侧村庄较少，基本为农田。

道路选线除应保证行车安全、舒适、快捷、建设工程量小等原则外，还应根据环境噪声允许标准控制路线距环境敏感点的距离，最大限度地避免噪声污染。

针对施工期的噪声主要来自施工机械和运输车辆的特点。施工中应该选用符合国家有关标准的施工机具和运输车辆，对各种车辆和机械进行强制性的定期保养维修，以减少因机械故障等原因产生的附加噪声。使它们都能在正常状态下运转，防止由于机械设备的"带病"工作而造成噪声声级的提高。尽量选用低噪声的施工机械和工艺。选用低噪声设备，可从根本上降低声强，低噪型运载车在行驶中的噪声声级比同类水平其他车辆约降低10.15 dB，不同型号压路机噪声声级可相差 5 dB。

为保护施工人员的健康，施工中要合理安排工作人员轮流操作辐射高、强噪声的施工机械，减少接触高噪声的时间，或穿插安排高噪声和低噪声的工作。

针对筑路机械施工的噪声具有突发、无规则、不连续、高强度等特点，可加强施工组织安排，把可能产生强噪声的工序安排在昼间，并避开人们午休时间，把噪声影响降到最低。在人员相对密集的施工路段，尽量安排可达到同等施工质量的低噪声施工设备。

对距居民区 150 m 以内的施工现场，噪声大的施工机具在夜间 22：00~06：00 应停止施工。同时，做好宣传工作，争取取得周围群众的理解和支持。与当地环保部门配合设立投诉电话，及时纠正防护不当和安排不合理行为，处理好各种环境纠纷。

公路施工为露天施工，只能在施工过程中将营地或机械集中点尽可能放在避开噪声敏感的地点，或者必要时在一些敏感地点设置临时隔声墙，施工场站应远离工厂、学校、生活区等人员聚集地，以防止噪声污染和不必要的纠纷。

利用土丘、山冈降低噪声。路线布设时，尽可能利用地貌地物做声屏障。如将路线布设在山丘外侧，使村舍处于声影区。控制路线距敏感点的距离，因地面吸收的衰减也是十分显著的。

第六章　公路工程招投标与施工合同管理

第一节　公路工程施工招标投标管理

一、公路工程施工招标投标管理要求

（一）公路工程施工项目必须进行招标的范围和规模

下列公路工程施工项目必须进行招标，但涉及国家安全、国家秘密、抢险救灾或者利用扶贫资金实行以工代赈等不适宜进行招标的项目除外：

1. 投资总额在 3000 万元人民币以上的公路工程施工项目。

2. 施工单项合同估算价在 200 万元人民币以上的公路工程施工项目。

3. 法律、行政法规规定应当招标的其他公路工程施工项目。

（二）公路工程施工招标投标的监督管理

交通运输部依法负责全国公路工程施工招标投标活动的监督管理。县级以上地方人民政府交通主管部门按照各自职责依法负责本行政区域内公路工程施工招标投标活动的监督管理。

（三）公路工程施工招标的招标人要求

公路工程施工招标的招标人应当是提出公路工程施工招标项目、进行公路工程施工招标的项目法人。

具备下列条件的招标人，可以自行办理招标事宜：

1. 具有与招标项目相适应的工程管理、造价管理、财务管理能力。

2. 具有组织编制公路工程施工招标文件的能力。

3. 具有对投标人进行资格审查和组织评标的能力。

（四）公路工程标准施工招标文件的主要内容和相关规定

1. 投标人须知的主要内容

（1）投标人须知前附表。

投标人须知前附表的内容对应于投标人须知正文相关条款号，主要有：项目概况，资金来源和落实情况，招标范围、计划工期和质量要求，踏勘现场，投标预备会的时间和地点，偏离范围和幅度；构成招标文件的其他材料；投标截止时间，投标有效期，工程量清单的填写方式（固化或书面），投标人须知前附表规定的其他材料；投标人递交投标文件的地点；等等。

（2）投标人须知正文。

投标人须知正文：总则，招标文件，投标文件，投标，开标，评标，合同授予，重新招标和不再招标，纪律和监督，需要补充的其他内容。

2. 公路工程招标文件的主要内容

（1）招标公告（或投标邀请书）。

（2）投标人须知。

（3）评标办法。

（4）合同条款及格式。

（5）工程量清单。

（6）图纸。

（7）技术规范。

（8）投标文件格式。

（9）投标人须知前附表规定的其他材料。

招标文件所做的澄清、修改，构成招标文件的组成部分。当招标文件、招标文件的澄清或修改等在同一内容的表述上不一致时，以最后发出的书面文件为准。

3. 公路工程投标文件的组成

（1）投标函及投标函附录。

（2）法定代表人身份证明或附有法定代表人身份证明的授权委托书。

（3）联合体协议书（如果有）。

（4）投标保证金。

（5）已标价工程量清单。

（6）施工组织设计。

（7）项目管理机构。

（8）拟分包项目情况表。

（9）资格审查资料。

（10）承诺函。

（11）调价函及调价后的工程量清单（如有）。

（12）投标人须知前附表规定的其他材料。

4. 投标文件废标的情况

（1）在开标时的两种废标情况。

开标过程中，若招标人发现投标文件出现以下任一情况，经监标人确认后当场宣布为废标：

①未在投标函上填写投标总价；

②投标报价或调整函中的报价超出招标人公布的投标控制价上限。

（2）在评标时的废标情况。

在相应评标办法前附表中约定的各种情况，主要针对重大偏差情况明确了废标规定。

（五）招标公告发布和编制招标文件的时间要求

招标人应当按照招标公告或者投标邀请书规定的时间、地点出售资格预审文件和招标文件。资格预审文件和招标文件的发售时间不得少于 5 d。招标人应当合理确定资格预审申请文件和投标文件的编制时间。编制资格预审申请文件的时间，自开始发售资格预审文件之日起至潜在投标人提交资格预审申请文件截止时间止，不得少于 14 d。编制投标文件的时间，自招标文件开始发售之日起至投标人提交投标文件截止时间止，高速公路、一级公路、技术复杂的特大桥梁、特长隧道不得少于 28 d，其他公路工程不得少于 20 d。

（六）招标文件的批准或备案

国道主干线和国家高速公路网建设项目的工程施工招标文件应当报交通运输部备案，其他公路建设项目的工程施工招标文件应当按照项目管理权限报县级以上地方人民政府交通主管部门备案。

交通主管部门发现招标文件存在不符合法律、法规及规章规定内容的，应当在收到备案文件后的 7 d 内，提出处理意见，及时行使监督检查职责。

招标人如须对已出售的招标文件进行必要的澄清或修改，应当在投标截止日期 15 d 前以书面形式通知所有招标文件收受人，并应当按照上述规定进行备案。

对招标文件澄清或者修改的内容为招标文件的组成部分。

（七）标底的编制要求

招标项目可以不设标底，进行无标底招标。招标人设定标底的，可自行编制标底或者委托具备相应资格的单位编制标底。标底编制应当符合国家有关工程造价管理的规定，并应当控制在批准的概算以内。招标人应当采取措施，在开标前做好标底的保密工作。

（八）对投标人的资质要求和资格审查要求的公平性

招标文件中关于投标人的资质要求，应当符合法律、行政法规的规定。招标人不得在招标文件中制定限制性条件阻碍或者排斥投标人，不得规定以获得本地区奖项等要求作为评标加分条件或者中标条件。

招标人审查潜在投标人的资格，应当严格按照资格预审的规定进行，不得采用抽签、摇号等博彩性质的方式进行资格审查。

（九）资格审查

1. 投标人的资格要求

（1）投标人应具备承担本标段施工的资质条件、能力和信誉。包括：资质条件、财务要求、业绩要求、信誉要求、项目经理资格和其他要求。

（2）投标人须知前附表规定接受联合体投标的，除应符合投标人应具备承担本标段施工的资质条件、能力和信誉要求和投标人须知前附表的要求外，还应遵守以下规定：

①联合体各方应按招标文件提供的格式签订联合体协议书，明确联合体牵头人和各方权利义务；

②由同一专业的单位组成的联合体，按照资质等级较低的单位确定资质等级；

③联合体各方不得再以自己名义单独或参加其他联合体在同一标段中投标；

④联合体所有成员数量不得超过投标人须知前附表规定的数量；

⑤联合体牵头人所承担的工程量必须超过总工程量的50%；

⑥联合体各方应分别按照本招标文件的要求，填写投标文件中的相应表格，并由联合体牵头人负责对联合体各成员的资料进行统一汇总后一并提交给招标人；联合体牵头人所提交的投标文件应认为已代表了联合体各成员的真实情况；

⑦尽管委任了联合体牵头人，但联合体各成员在投标、签约与履行合同过程中，仍负有连带的和各自的法律责任。

（3）投标人不得存在下列情形之一：

①为招标人不具有独立法人资格的附属机构（单位）；

②为本标段前期准备提供设计或咨询服务的，但设计施工总承包的除外；

③为本标段的监理人；

④为本标段的代建人；

⑤为本标段提供招标代理服务的；

⑥与本标段的监理人或代建人或招标代理机构同为一个法定代表人的；

⑦与本标段的监理人或代建人或招标代理机构相互控股或参股的；

⑧与本标段的监理人或代建人或招标代理机构相互任职或工作的；

⑨被责令停业的；

⑩被暂停或取消投标资格的；

⑪财产被接管或冻结的；

⑫在最近3年内有骗取中标或严重违约或重大工程质量问题的；

⑬经审查委员会认定会对承担本项目造成重大影响的正在诉讼的案件；

⑭被省级及以上交通主管部门取消项目所在地的投标资格或禁止进入该区域公路建设市场且处于有效期内；

⑮为投资参股本项目的法人单位。

2. 资格审查的诚信要求和激励以及不诚信的处理

按照交通运输部办公厅印发《关于印发全国公路建设从业单位不良行为记录的通知》的要求。各省级交通主管部门要加快市场信用体系建设，充分利用现有信用信息资源，体现"褒奖诚信，惩戒失信"的政策导向。对诚实守信单位，在招投标、履约保证金、质量保证金等方面给予一定的奖励，对存在不良信用信息的从业单位，在市场准入、招标评标等方面适当惩戒，并加大对其承建项目的监管力度。项目法人应正确使用信用信息，对于省级交通主管部门做出的取消从业单位投标资格或禁止进入区域公路建设市场的行政处罚，要严格按照确定的市场范围和处罚期限执行，不得再以其他任何条件限制潜在投标人参与投标。

根据《关于进一步加强公路工程施工招标资格审查工作的通知》，加强投标人资质条件的审核工作。严格核实投标人的资质条件，防止持伪造的资质证书或不具备资质许可权力部门发放的资质证书的单位通过资格审查。对于招标公告要求投标人具有公路工程施工总承包一级及以上资质、公路路基工程专业承包一级资质、公路路面工程专业承包一级资质或公路交通工程通信、监控、收费综合系统工程分项资质的，招标人出售资格预审文件或招标文件（适用于资格后审）时，应通过交通运输部网站政务公告"公路工程施工一级以上资质企业名录"（以下简称"名录"，"全国公路建设市场信用信息管理系统"启用后"名录"同时废止，招标人可查阅"全国公路建设市场信用信息管理系统"）进行审核。对于投标人未列入"名录"，或投标人名称与"名录"不符的，应告知投标人及时办理有关更正事宜。对于资格审查时未列入"名录"的投标人，不得通过资格审查。

3. 资格预审的办法

资格预审办法由资格审查办法前附表和资格审查办法正文两部分组成，正文部分不得修改，只能在前附表中补充、细化，且不能与正文内容相抵触。资格预审办法分为合格制和有限数量制。资格预审的程序如下：

（1）初步审查

审查委员会依据初步审查标准，对资格预审申请文件进行初步审查。有一项因素不符合审查标准的，不能通过资格预审。审查委员会可以要求申请人提交"申请人须知"标准规定的有关证明和证件的原件，以便核验（申请人资质、财务、业绩等）。

（2）详细审查

审查委员会依据详细审查标准，对通过初步审查的资格预审申请文件进行详细审查。有一项因素不符合审查标准的，不能通过资格预审。通过详细审查的申请人，除应满足初步审查标准和详细审查标准外，还不得存在下列任何一种情形：

①不按审查委员会要求澄清或说明的；

②有"申请人须知"标准规定的任何一种情形的；

③在资格预审过程中弄虚作假、行贿或有其他违法违规行为的。

（3）资格预审申请文件的澄清

在审查过程中，审查委员会可以书面形式，要求申请人对所提交的资格预审申请文件中不明确的内容进行必要的澄清或说明。申请人的澄清或说明采用书面形式，并不得改变资格预审申请文件的实质性内容。申请人的澄清和说明内容属于资格预审申请文件的组成部分。招标人和审查委员会不接受申请人主动提出的澄清或说明。

（4）评分

通过详细审查的申请人不少于 3 个且没有超过资格审查办法前附表中所规定数量的，均通过资格预审，不再进行评分。

通过详细审查的申请人数量超过资格审查办法前附表中所规定数量的，审查委员会依据资格审查办法前附表中评分标准进行评分，按得分由高到低的顺序进行排序。

合格制的资格预审办法只须通过初步审查和详细审查即可，不设人数限制并且不进行评分。

二、公路工程施工招标条件与程序

（一）公路工程施工招标的条件

1. 公路工程施工招标的项目应具备的条件

规定公路工程施工招标的项目应当具备下列条件：

（1）初步设计文件已被批准。

（2）建设资金已经落实。

（3）项目法人已经确定，并符合项目法人资格标准要求。

2. 初步设计文件的内容和批准

（1）初步设计文件的内容。

初步设计的概算以及招标所需的设计图纸及技术资料等。

（2）初步设计文件的批准。

初步设计文件应当履行审批手续的，已经获得批准。招标范围、招标方式和招标组织形式等应当履行核准手续的，已经核准。

3. 建设资金已经落实的具体要求

根据《建筑工程施工许可管理办法》的规定，建设资金已经落实，是指建设工期不足1年的，到位资金原则上不得少于工程合同价的50%；建设工期超过1年的，到位资金原则上不得少于工程合同价的30%。建设单位应当提供银行出具的到位资金证明，有条件的可以实行银行付款保函或者其他第三方担保。

4. 项目法人的确定与资格要求

《公路建设市场管理办法》对于项目法人的规定如下：公路建设项目依法实行项目法人责任制。项目法人可自行管理公路建设项目，也可委托具备法人资格的项目建设管理单位进行项目管理。收费公路建设项目法人和项目建设管理单位进入公路建设市场实行备案制度。

5. 招标条件的公告格式

本招标项目（项目名称）已由（项目审批、核准或备案机关名称）以（批文名称及编号）批准建设，项目业主为（项目法人），建设资金来自（资金来源），项目出资比例为（填入数字），招标人为（项目法人、代建单位）。项目已具备招标条件，现进行公开招标，特邀请有兴趣的潜在投标人（以下简称申请人）提出资格预审申请。

6. 施工招标的法定方式

公路工程施工招标分为公开招标和邀请招标。

（二）公路工程施工招标的程序

1. 公路工程施工招标的法定程序

公路工程施工招标应当按下列程序进行：

（1）确定招标方式，采用邀请招标的，应当按照国家规定报有关主管部门审批；

（2）编制投标资格预审文件和招标文件，招标文件按照本办法规定备案（即国道主干线和国家高速公路网建设项目的工程施工招标文件应当报交通运输部备案，其他公路建设项目的工程施工招标文件应当按照项目管理权限报县级以上地方人民政府交通主管部门备案）；

（3）发布招标公告，发售投标资格预审文件；采用邀请招标的，可直接发出投标邀请书，发售招标文件；

（4）对潜在投标人进行资格审查；

（5）向资格预审合格的潜在投标人发出投标邀请书和发售招标文件；

（6）组织潜在投标人考察（或踏勘）招标项目工程现场，召开标前会（投标预备会）；

（7）接受投标人的投标文件，公开开标；

（8）组建评标委员会评标，推荐中标候选人；

（9）确定中标人，评标报告和评标结果按照本办法规定备案并公示；

（10）发出中标通知书；

（11）与中标人订立公路工程施工合同。

2. 接受投标人的投标文件并公开开标

招标人对投标人按时送达并符合密封要求的投标文件，应当签收，并妥善保存。招标人不得接受未按照要求密封的投标文件及投标截止时间后送达的投标文件。

3. 评标并推荐中标人

评标办法有三种，分别是综合评估法、合理低标价法、经评审的最低投标价法。公路工程施工招标评标，一般应当使用合理低标价法。使用世界银行、亚洲开发银行等国际金融组织贷款的项目和规模较小、技术含量较低的工程，可使用经评审的最低投标价法。不同的评标方法其分值构成和评分标准不同，但是三种方法都是由评标办法前附表和评标办法正文组成。

除投标人须知前附表授权直接确定中标人外，评标委员会按照得分由高到低的顺序推荐中标候选人。

4. 定标

除投标人须知前附表规定评标委员会直接确定中标人外，招标人依据评标委员会推荐的中标候选人确定中标人，评标委员会推荐中标候选人的人数依照投标人须知前附表的规定人数一般不超过三人。

三、公路工程施工投标条件与程序

（一）公路工程施工投标的条件

1. 投标人应具备的条件

（1）投标人资质要求

①企业资质

投标人基本情况表应附企业法人营业执照副本（全本）的复印件（并加盖单位章）、施工资质证书副本（全本）的复印件（并加盖单位章）、安全生产许可证副本（全本）的复印件（并加盖单位章）、基本账户开户许可证的复印件（并加盖单位章）。

②人员资质

拟委任的项目经理和项目总工资历表应附项目经理（以及备选人）和项目总工（以及备选人）的身份证、职称资格证书以及资格审查条件所要求的其他相关证书（如建造师注册证书、安全生产考核合格证书等）的复印件，应提供其担任类似项目的项目经理和项目总工的相关业绩证明材料复印件，并应附投标人所属社保机构出具的拟委任的项目经理和项目总工参加社保的有效证明材料（并加盖社保机构单位章）。投标人在投标文件中填报的项目经理（以及备选人）和项目总工（以及备选人）不允许更换。

（2）财务状况要求

近年财务状况表应附经会计师事务所或审计机构审计的财务会计报表，包括资产负债表、现金流量表、利润表和财务情况说明书的复印件，具体年份要求见投标人须知前附表。

（3）工程业绩

近年完成的类似项目情况表应附中标通知书和（或）合同协议书、工程接收证书（工程竣工验收证书）的复印件，具体年份要求见投标人须知前附表。每张表格只填写一个项目，并标明序号。

工程接受证书（工程竣工验收证书）可以是发包人出具的公路工程（标段）交工验收证书或竣工验收委员会出具的公路工程竣工验收鉴定书或质量监督机构对各参建单位签发的工作综合评价等级证书。

正在施工和新承接的项目情况表应附中标通知书和（或）合同协议书复印件。每张表格只填写一个项目，并标明序号。

2. 投标的要求

投标人应当按照招标文件的要求，按时参加招标人主持召开的标前会并勘察现场。投标人应当按照招标文件的要求编制投标文件，并对招标文件提出的实质性要求和条件做出响应。

投标文件中投标函及投标函附录、投标报价部分应当由投标人的法定代表人或其授权的代理人签字，并加盖投标人印章，其他部分应当按照招标文件的要求签署。

投标文件按照要求送达后，在招标文件规定的投标截止时间前，投标人如须撤回或者修改投标文件，应当以正式函件提出并做出说明。修改投标文件的函件是投标文件的组成部分，其形式要求、密封方式、送达时间，适用对投标文件的规定。

投标人未按照要求密封的投标文件以及投标截止时间后送达的投标文件。招标人不得接受。

（二）公路工程施工投标的程序

1. 承诺函的格式

（招标人名称）：

我方参加了（项目名称）标段施工投标，若我方中标，我方在此承诺：

若本项目资格预审文件或招标文件未要求我方在资格预审申请文件或投标文件中填报派驻本标段的其他主要管理人员和技术人员及主要机械设备和试验检测设备，在招标人向我方发出中标通知书之前，我方将按照合同附件提出的最低要求填报派驻本标段的其他主要管理人员和技术人员及主要机械设备和试验检测设备，在经招标人审批后作为派驻本标段的项目管理机构主要人员和主要设备且不进行更换。

若我方已按本项目资格预审文件或招标文件要求在资格预审申请文件或投标文件中填报派驻本标段的其他主要管理人员和技术人员及主要机械设备和试验检测设备，我方将严格按照在资格预审申请文件或投标文件中填报的其他主要管理人员和技术人员及主要机械设备和试验检测设备组织进场施工，且不进行更换。

如我方违背了上述承诺，本项目招标人有权取消我方的中标资格，并由招标人将我方的违约行为上报省级交通主管部门，作为不良记录纳入公路建设市场信息管理系统。

投标人：（盖单位章）

法定代表人或其委托代理人：（签字）

年　　月　　日

2. 签订合同

招标人和中标人应当自中标通知书发出之日起 30 d 内，根据招标文件和中标人的投标文件订立书面合同。中标人无正当理由拒签合同的，招标人取消其中标资格，其投标保证金不予退还；给招标人造成的损失超过投标保证金数额的，中标人还应当对超过部分予以赔偿。

3. 投标人被没收投标保证金的情况

（1）投标人在规定的投标有效期内撤销或修改其投标文件。

（2）中标人在收到中标通知书后，无正当理由拒签合同协议书或未按招标文件规定提交履约担保。

（3）投标人不接受依据评标办法的规定对其投标文件中细微偏差进行澄清和补正。

（4）投标人提交了虚假资料。

第二节　公路工程施工合同管理

一、公路工程的合同体系结构

（一）公路工程项目的合同体系

公路工程（特别是大型项目）建设是一个很复杂的过程，需要涉及许多不同行业的单位，投入许多不同专业的人力以及大量的资金设备。它们之间通过合同形成了不同的经济关系，从而形成了复杂的合同体系。其中，业主和承包人依法签订的施工合同是"核心合同"，业主又处于合同体系中的"核心位置"。

（二）承包商的主要合同关系

承包商是工程施工的具体实施者，是工程承包合同的履行者。承包商通过投标接受业主的委托，签订工程承包合同。承包商要完成承包合同中约定的责任，包括由工程量清单中所确定工程范围的施工、竣工和缺陷责任及保修，并为完成这些工程提供劳动力、施工设备、材料，有时也包括技术设计。任何承包商都不可能、也不必具备所有的专业工程的施工能力、材料和设备的生产与供应能力。因此，其必须将一些专业施工（或工作）委托出去。这样，除了与业主签订的承包合同之外，还形成了承包商复杂的合同关系。

1. 分包合同

对于一些大型工程项目的施工，承包商通常需要与其他承包商合作才能完成总承包合同责任。承包商把从业主那里承接到的工程中的某些分项工程或工作分包给另一承包商来完成，则要与其他承包商（即分包人）签订分包合同。承包商在总承包合同下可能订立许多分包合同，而分包人仅完成总承包商分包给自己的工程，向总承包商负责，与业主无合同关系。总承包商仍向业主担负全部工程责任，负责工程的管理和所属各分包人工作之间的协调，以及各分包人之间合同责任界面的划分，同时承担协调失误造成损失的责任，向业主承担工程风险。

在投标书中，承包商必须附上拟定的分包人的名单和工程规模，供业主审查；未列入投标文件的专项工程，承包人不得分包。如果在工程施工中重新委托分包人，必须经过监理工程师（或业主代表）的批准。

2. 采购合同

承包商为采购和供应工程所必要的材料、设备，与材料、设备供应商所签订的材料、设备采购合同。

3. 运输合同

运输合同是承包商为解决材料、物资、设备的运输问题而与运输单位签订的合同。

4. 加工合同

加工合同是承包商将建筑构配件、特殊构件的加工任务委托给加工承揽单位而签订的合同。

5. 租赁合同

在公路工程施工中，承包商需要许多施工设备、运输设备、周转材料。当有些设备、周转材料在现场使用率较低，或自己购置需要大量资金投入而自己又不具备这个经济实力时，可以采用租赁方式，与租赁单位签订租赁合同。

6. 劳务采购（或分包）合同

即由劳务供应商（或劳务分包人）向工程施工提供劳务，承包人与劳务供应商（或劳务分包人）之间签订的合同。

7. 保险合同

即承包商按施工合同要求对工程进行保险，与保险公司签订保险合同。

8. 检测合同

即承包商与具有相应资质检测单位签订的合同。

二、公路工程施工合同的履行与管理方法

(一) 施工合同的履行

1. 业主的合同履行

(1) 严格按照施工合同的规定，履行业主应尽义务。业主履行合同是承包商履行合同的基础，因为业主的很多合同义务都是为承包商施工创造先决条件，如征地拆迁、"三通一平"、原始测量数据、施工图纸等。

(2) 按合同规定行使工期控制权、质量检验权、工程计量权、工程款支付权，确保工程目标的实现。

(3) 按合同约定行使工程交工、竣工验收权和履行工程款支付、竣工结算义务。

2. 承包商的合同履行

(1) 全面履行施工合同中的各项义务。在施工过程中，承包商必须通过投入足够的资源，建立精干高效的组织机构和完善的制度体系，采用先进、合理、经济的施工方案和技术，精心组织、科学管理，确保如期、保质、保量完成各项施工任务。

(2) 通过合理的工程变更与索赔，维护自己的合法权益，实现预期经营目标和战略。

(二) 承包商的施工合同管理

(1) 认真编制投标文件。投标文件是合同文件的重要组成部分，也是投标人在施工阶段能否实现经营目标的重要基础。

①确定投标方式，联合投标还是单独投标。

②确定投标策略，根据掌握的信息，充分分析论证后决定是投保险标，还是投风险标；常规价格标，还是高价标或低价标。

③确定报价策略，根据具体评标办法采用相应的报价策略，特别注意不平衡报价技巧的灵活、适度运用。

④认真做好招标文件及合同条件的审查工作，全面、实质性响应招标文件。

(2) 切实履行合同义务，有理、有利、有节地维护自身权益，由于公路工程施工合同是公路工程合同体系中的"核心合同"，对工程项目控制目标的实现至关重要。因此，承包商必须全面、适当地履行合同义务，否则不仅不能实现预期目标，还有可能导致业主的反索赔，甚至被解除合同。承包商在履行合同义务时，也要注意采用恰当的方式维护自身

的权益，如提出合理的工程变更要求，理直气壮地提出正当的索赔要求等。

（3）建立完整的合同管理制度。

公路工程合同的复杂性和经济性决定了合同潜在的风险较大，为了规避、化解风险，承包商必须建立完整的合同管理制度，使施工合同的谈判、签订、履行等各环节实现科学化、规范化、程序化和模块化。具体来讲，应建立和完善如下合同管理制度：

①合同管理相关部门的部门职责和工作岗位制度。

②合同管理的授权和内部会签制度。

③合同审查批准制度。

④印鉴及证书管理使用制度。

⑤合同管理绩效考核制度。

⑥合同档案管理制度。

三、公路工程分包合同管理

（一）工程分包合同

为规范公路工程施工分包活动，加强公路建设市场监管，交通运输部组织制定了《公路工程施工分包管理办法》。

（二）分包合同管理

1. 分包合同的管理关系

分包合同是承包人将施工合同内对发包人承担义务的部分工作交给分包人实施，双方约定相互之间的权利、义务的合同。分包工程既是施工合同的一部分，又是分包合同的标的，涉及两个合同，所以分包合同的管理比施工合同管理复杂。

发包人与分包人没有合同关系，但发包人作为工程项目的投资方和施工合同的当事人，对分包合同的管理主要表现为对分包工程的批准。

监理人只有与承包人有监理与被监理的关系，对分包人在现场施工不承担协调管理义务。只是依据施工合同对分包工作内容及分包人的资质进行审查，行使确认权或否定权；对分包人使用的材料、施工工艺、工程质量和进度进行监督。监理人就分包工程施工发布的任何指示均应发给承包人。

承包人作为两个合同的当事人，不仅对发包人承担确保整个合同工程按预期目标实现的义务，而且对分包工程的实施具有全面管理责任。承包人应委派代表对分包人的施工进行监督、管理和协调。在接到监理人就分包工程发布的指示后，应将其要求列入自己的管理工作内容，并及时以书面确认的形式转发给分包人令其遵照执行。

2. 分包工程的支付管理

分包工程的支付，应由分包人在合同约定的时间，向承包人报送该阶段施工的付款申请单，承包人经过审核后，将其列入施工合同的进度付款申请单内一并提交监理人审批。由监理人向承包人出具经发包人签认的进度付款证书。发包人应在监理人收到进度付款申请单后的 28 d 内，将进度应付款支付给承包人。分包人不能直接向监理人提出支付要求，必须通过承包人。发包人也不能直接向分包人付款，也必须通过承包人。

3. 分包工程的变更管理

承包人接到监理人依据合同发布的涉及发包工程的变更指令后，以书面确认方式通知分包人执行。承包人也有权根据工程的实际进展情况通过监理人向发包人提出有关变更建议。

监理人一般不能直接向分包人下达变更指令，必须通过承包人。分包人不能直接向监理人提出分包工程的变更要求，也必须由承包人提出。

4. 分包工程的索赔管理

分包合同履行过程中，当分包人认为自己的合法权益受到损害，无论事件起因于发包人或监理人，还是承包人的责任，他都只能向承包人提出索赔要求。如果是因发包人或监理人的原因或责任造成了分包人的合法利益的损害，承包人应及时按施工合同规定的索赔程序，以承包人的名义就该事件向监理人提交索赔报告。

对于由承包人的原因或责任引起分包人提出索赔，这类索赔产生于承包人与分包人之间，双方通过协商解决。监理人不参与该索赔的处理。

四、公路工程施工进度款的结算

（一）工程价款的主要结算方式

1. 按月结算。实行旬末或月中预支或不预支，月终结算，竣工后清算的办法。跨年度竣工的工程，在年终进行工程盘点，办理年度结算。

2. 竣工后一次结算。建设项目或单项工程全部建筑安装工程建设期在 12 个月以内，或者工程承包价值在 100 万元以下的，可以实行工程价款每月月中预支，竣工后一次结算。

3. 分段结算。即当年开工，当年不能竣工的单项工程或单位工程按照工程进度，划分不同阶段进行结算，分段结算可以按月预支工程款。

4. 目标结算方式。即在工程合同中，将承包工程的内容分解成不同的控制界面，以业主验收界面作为支付工程价款的前提条件。也就是说，将合同中的工程内容分解成不同的验收单元，当承包商完成单元工程内容并经业主（或其委托人）验收后，业主支付构成单元工程内容的工程价款。

5. 双方约定的其他结算方式。

（二）工程进度款的支付

1. 进度付款周期

工程进度款付款周期同计量周期，即单价子目按月支付，总价子目按批准的支付分解报告确定的周期支付。

2. 进度付款申请单

承包人应在每个付款周期末，按监理人批准的格式和专用合同条款约定的份数，向监理人提交进度付款申请单，并附相应的支持性证明文件。除专用合同条款另有约定外，进度付款申请单应包括下列内容：

（1）截至本次付款周期末已实施工程的价款。

（2）应增加和扣减的变更金额。

（3）应增加和扣减的索赔金额。

（4）应支付的预付款和扣减的返还预付款。

（5）应扣减的质量保证金。

（6）根据合同应增加和扣减的其他金额。

3. 进度付款证书和支付时间

（1）监理人在收到承包人进度付款申请单以及相应的支持性证明文件后的 14 d 内完成核查，提出发包人到期应支付给承包人的金额以及相应的支持性材料，经发包人审查同意后，由监理人向承包人出具经发包人签认的进度付款证书。监理人有权扣发承包人未能按照合同要求履行任何工作或义务的相应金额。如果该付款周期应结算的价款经扣留和扣回后的款额少于项目专用合同条款数据表中列明的进度付款证书的最低金额，则该付款周期监理人可不核证支付，上述款额将按付款周期结转，直至累计应支付的款额达到项目专用合同条款数据表中列明的进度付款证书的最低金额为止。

（2）发包人应在监理人收到进度付款申请单后的 28 d 内，将进度应付款支付给承包人。发包人不按期支付的，按专用合同条款数据表中约定的利率向承包人支付逾期付款违约金。违约金的计算基数为发包人的全部未付款额，时间从应付而未付该款额之日算起

(不计复利)。

(3) 监理人出具进度付款证书，不应视为监理人已同意、批准或接受了承包人完成的该部分工作。

(4) 进度付款涉及政府投资资金的，按照国库集中支付等国家相关规定和专用合同条款的约定办理。

4. 工程进度付款的修正

在对以往历次已签发的进度付款证书进行汇总和复核中发现错、漏或重复的，监理人有权予以修正，承包人也有权提出修正申请。经双方复核同意的修正，应在本次进度付款中支付或扣除。

(三) 合同价款的调整

在公路工程合同中，大部分合同为可调价合同，规定调整合同价款的方式和方法，最终确定合同结算价款。

1. 原工程量清单工程数量

原工程量清单工程数量为合同数量，根据监理工程师确认计量的数量，即实际完成数量对合同价款进行调整。

2. 工程价款价差调整的主要方法

(1) 工程造价指数调整法。甲、乙双方采用当时的预算（或概算）定额单价计算承包合同价，待竣工时，根据合理的工期及当地工程造价管理部门所公布的该月度（或季度）的工程造价指数，对原承包合同价予以调整。

(2) 实际价格调整法。有些合同规定对钢材、水泥、木材三大材料的价格采取按实际价格结算的方法，对这种办法，地方主管部门要定期发布最高限价。同时，合同文件中应规定建设单位或工程师有权要求承包商选择更廉价的供应来源。

(3) 调价文件计算法。甲、乙双方按当时的预算价格承包，在合同期内，按造价管理部门调价文件的规定，进行抽料补差（按所完成的材料用量乘以价差）。

(四) 法律、法规变化引起的合同价款调整

在送交投标文件截止期前 28 d 之后，国家或省（自治区、直辖市）颁布的法律、法规出现修改或变更，因采用新的法律、法规使承包人在履行合同中的费用发生价差调整以外的增加或减少，则此项增加或减少的费用应由监理工程师在与承包人协商并报经业主批准后确定，增加到合同价或从合同价中扣除。

（五）工程拖期的价款调整

如果承包人未能在投标书附录中写明的工期内完成本合同工程，则在该交工日期以后施工的工程，其价格调整计算应采用该交工日期所在年份的价格指数作为当期价格指数。如果延期符合合同规定的情况，则在该延长的交工日期到期以后施工的工程，其价格调整计算应采用该延长的交工日期所在年份的价格指数作为当期价格指数。

五、公路工程竣工决算文件的编制

（一）公路工程竣工决算文件的编制依据

1. 经交通主管部门批准的设计文件，以及批准的概（预）算或调整概（预）算文件。

2. 招标文件、标底（如果有）及与各有关单位签订的合同文件。

3. 建设过程中的文件有关支付凭证。

4. 竣工图纸。

5. 其他有关文件、资料、凭证。

（二）公路工程项目竣工决算的编制步骤

1. 收集、整理和分析有关依据资料。

在工程竣工验收阶段，应注意收集资料，系统地整理所有的技术资料、工程结算的经济文件、施工图纸，审查施工过程中各项工程变更、索赔、价格调整、暂定金额等支付项目是否符合合同文件规定，签证手续是否完备；审查各中期支付和最终支付是否与竣工图表资料、合同文件相符。

2. 清理各项财务、债务和结余物资。

既要核对账目，又要查点库存实物数量，做到账与物相等，账与账相符，对结余的各种材料、工器具和设备要逐项清点核实，妥善管理，并按规定及时处理，收回资金。

3. 填写竣工决算报表。

4. 编制建设工程竣工决算说明。

主要内容包括对工程进度、质量、安全和造价等四方面的总的评价，以及各项财务和技术经济指标的分析。

5. 做好工程造价对比分析。

在报告中必须对控制工程造价所采取的措施、效果以及其动态的变化进行认真的比较分析，总结经验教训。批准的概算是考核建设工程造价的依据，在分析时可将决算报表中所提供的实际数据和相关资料与批准的概算、预算指标进行对比，以考核竣工项目总投资控制的水平，在对比的基础上总结先进经验，找出落后的原因，提出改进措施。

6. 清理、装订好竣工图。

7. 上报主管部门审查。

建设工程竣工文件编制完成后，将其上报主管部门审查，并把其中财务成本部分送交开户银行签证。竣工决算在上报主管部门的同时，抄送有关设计单位。大中型建设项目的竣工决算还应抄送财政部、建设银行总行和省、市、自治区财政局和建设银行各一份。

（三）公路工程项目竣工决算报告的内容

竣工决算报告由以下四个部分组成：

1. 交通基本建设项目竣工决算报告封面。

2. 竣工工程平面示意图。

3. 竣工决算报告说明书：主要内容包括工程项目概况及组织管理情况；工程建设过程和工程管理工作中的重大事件、经验教训；工程投资支出和财务管理工作的基本情况；工程遗留问题等。

4. 竣工决算表格。竣工决算报告表式分为决算审批表、工程概况专用表和财务通用表。

六、公路工程合同价款支付的相关规定

（一）预付款

预付款包括开工预付款和材料、设备预付款。

1. 开工预付款的金额在项目专用条款数据表中约定（开工预付款是一项由业主提供给承包人用于开办费用的无息贷款，国际上一般规定范围是 0~20%，国内开工预付款金额一般应为 10%签约合同价）。在承包人签订了合同协议书并提交了开工预付款保函后，监理工程师应在当期进度付款证书中向承包人支付开工预付款 70%的价款；在承包人承诺的主要设备进场后，再支付预付款 30%。

承包人不得将该预付款用于与本工程无关的支出。监理工程师有权监督承包人对该项费用的使用，如经查实承包人滥用开工预付款，发包人有权立即通过向银行发出通知收回开工预付款保函的方式，将该款收回。开工预付款支付的条件有：

（1）承包人和发包人已签订了施工合同；

（2）承包人已提交了开工预付款保函。

2. 材料、设备预付款按项目专用合同条款数据表中所列主要材料、设备单据费用（进口的材料、设备为到岸价，国内采购的为出厂价或销售价，地方材料为堆场价）的百分比支付，其预付条件为：

（1）材料、设备符合规范要求并经监理工程师认可；

（2）承包人已出具材料、设备费用凭证或支付单据；

（3）材料、设备已在现场交货，且存储良好，监理工程师认为材料、设备的存储方法符合要求，则监理工程师应将此项金额作为材料、设备预付款计入下一次的进度付款证书中。在预计竣工前 3 个月，将不再支付材料、设备预付款。

3. 预付款保函。

除项目专用合同条款另有约定外，承包人应在收到开工预付款前向发包人提交开工预付款保函。开工预付款保函的担保金额应与开工预付款金额相同。出具保函的银行须与合同规定的要求相同，所需费用由承包人承担。银行保函的正本由发包人保存，该保函在发包人将开工预付款全部扣回之前一直有效，担保金额可根据开工预付款扣回的金额相应递减。

4. 预付款的扣回与还清。

①开工预付款在进度付款证书的累计金额未达到签约合同价的 30% 之前不予扣回。在达到签约合同价 30% 之后，开始按工程进度以固定比例（即每完成签约合同价的 1%，扣回开工预付款的 2%）分期从各月的进度付款证书中扣回。全部金额在进度付款证书的累计金额达到签约合同价的 80% 时扣完。

②当材料、设备已用于或安装在永久工程之中时，材料、设备预付款应从进度付款证书中扣回，扣回期不超过 3 个月。已经支付材料、设备预付款的材料、设备的所有权应属于发包人。工程竣工时所有剩余的材料、设备所有权应属于承包人。

（二）质量保证金的支付与返还

1. 监理工程师应从第一个付款周期开始，在发包人的进度付款中，按项目专用合同条款数据表规定的百分比扣留质量保证金，直至扣留的质量保证金总额达到项目专用合同条款数据表规定的限额为止。质量保证金的计算额度不包括预付款的支付以及扣回的金额。

2. 在合同条款约定的缺陷责任期满时，承包人向发包人申请到期应返还承包人剩余的质量保证金金额，发包人应在 14 d 内会同承包人按照合同约定的内容核实承包人是否完成缺陷责任。如无异议，发包人应当在核实后将剩余保证金返还承包人。

3. 在合同条款约定的缺陷责任期满时，承包人没有完成缺陷责任的，发包人有权扣留与未履行责任剩余工作所需金额相应的质量保证金余额，并有权根据合同条款约定要求延长缺陷责任期，直到完成剩余工作为止。

（三）交工结算

1. 交工付款申请书

（1）承包人在交工验收证书签发后 42 d 内向监理工程师提交交工付款申请单（包括相关证明资料），交工付款申请单的分数在项目专业合同条件数据表中约定。

（2）监理工程师对交工付款申请单有异议的，有权要求承包人进行修正和提供补充资料，经监理工程师和承包人协商后，由承包人向监理人提交修正后的交工付款申请单。

2. 交工付款证书及支付时间

（1）监理工程师在收到承包人提交的交工付款申请单后的 14 d 内完成核查，提出发包人到期应支付给承包人的价款送发包人审核并抄送承包人。发包人应在收到后 14 d 内审核完毕，由监理工程师向承包人出具经发包人签认的交工付款证书。监理工程师未在约定时间内核查，又未提出具体意见的，视为承包人提交的交工付款申请单已经监理人核查同意；发包人未在约定时间内审核又未提出具体意见的，监理工程师提出发包人到期应支付给承包人的价款视为已经发包人同意。

（2）发包人应在监理人出具交工付款证书的 14 d 内，将应支付款支付给承包人。发包人不按期支付的，按合同条款的约定，将逾期付款违约金支付给承包人。

（3）承包人对发包人签认的交工付款证书有异议的，发包人可出具交工付款申请单中承包人已同意部分的临时付款证书。存在争议的部分，按合同条款的约定办理。

（4）交工付款涉及政府投资资金的，按合同条款的约定办理。

（四）最终结清

1. 最终结清申请单

（1）承包人应在缺陷责任期终止证书签发后 28 d 内向监理工程师提交最终结清申请单（包括相关证明材料），最终结清申请单的分数在项目专用合同条款数据表中约定。最终结清申请单中的总金额应认为是代表了根据合同规定应付给承包人的全部款项的最后结算。

（2）发包人对最终结清申请单内容有异议的，有权要求承包人进行修正和提供补充资料，由承包人向监理工程师提交修正后的最终结清申请单。

2. 最终结清证书和支付时间

（1）监理工程师收到承包人提交的最终结清申请单后的 14 d 内，提出发包人应支付给承包人的价款送发包人审核并抄送承包人。发包人应在收到后 14 d 内审核完毕，由监理工程师向承包人出具经发包人签认的最终结清证书。监理工程师未在约定时间内核查，又未提出具体意见的，视为承包人提交的最终结清申请已经监理工程师核查同意；发包人未在约定时间内审核又未提出具体意见的，监理工程师提出应支付给承包人的价款视为已经发包人同意。

（2）发包人应在监理工程师出具最终结清证书后的 14 d 内，将应支付款支付给承包人。发包人不按期支付的，按合同条款的有关规定，将逾期付款违约金支付给承包人。

（3）承包人对发包人签认的最终结清证书有异议的，按合同条款的有关规定办理。

（4）最终结清付款涉及政府投资资金的，按合同条款的相关规定办理。

最终结清认证书是表明发包人已经履行完其合同义务的证明文件，它与缺陷责任终止证书一样，是具有重要法律意义的文件。

只要监理工程师向承包人出具经发包人签认的最终结清认证书，就意味着从法律上确立了发包人也已经履行完毕其应履行的合同义务。同理，最终结清认证书也是证明合同双方的义务都已经按照合同履行完毕证明文件，合同到此终止。

（五）其他支付

1. 索赔费用

赔偿费用的支付额应按监理工程师签发的索赔审批书来确认，或按监理工程师暂时确定的赔偿额来支付。

2. 计日工费用

计日工的数量应有监理工程师的指示及确认。计日工的单价按工程量清单中计日工的单价来办理。

3. 变更工程费用

变更工程应有监理工程师签发的书面变更令。变更工程的单价按变更工程单价确定原则来处理。完成的变更工程数量应有监理工程师签认的变更工程计量证书。

4. 价格调整费用

监理工程师应严格按合同规定的价格调整方法来确定价格调整款额。

5. 拖期违约损失赔偿金（违约罚金）

拖期违约损失赔偿金是因承包人原因，使得工程不能按期完工时，承包人应向业主支付的赔偿金。原则上其赔偿标准应与业主的损失相当。一般规定，每逾期 1 d，赔偿合同价的 0.01%~0.05%；同时也规定，赔偿总额不超过合同价的 10%。这些规定在投标书附件中都应明确。

如果承包人未能按规定的工期完成合同工程，则必须向业主支付按技标书附录中写明的金额，作为拖期损失赔偿金。时间自预定的交工日期起到合同工程交工证书中写明的交工日期或已批准的延长工期止，按天计算。拖期损失赔偿金，应不超过投标书附录中写明的限额。业主可以从应付或到期应付给承包人的任何款项中扣除此赔偿金，但不排除其他扣款方法。扣除拖期损失赔偿金，并不解除合同规定的承包人对完成本工程的义务和责任。

6. 逾期付款违约金

逾期付款违约金是对业主的一种约束，业主有准时付款给承包人的责任和义务。业主必须在规定时间内支付承包人所完成工程的款额，否则应向承包人支付利息。

（1）监理工程师在收到承包人进度付款申请单以及相应的支持性证明文件后的 14 d 内完成核查，提出发包人到期应支付给承包人的金额以及相应的支持性材料，经发包人审查同意后，由监理工程师向承包人出具经发包人签认的进度付款证书。监理工程师有权扣发承包人未能按照合同要求履行任何工作或义务的相应金额。

（2）发包人应在监理工程师收到进度付款申请单后的 28 d 内，将进度应付款支付给承包人。发包人不按期支付的，按专用合同条款的约定支付逾期付款违约金。

承包人向监理工程师提交交工付款申请单（包括相关证明材料）的份数在项目专用合同条款数据表中约定；期限为交工验收证书签发后 42 d 内。

承包人向监理工程师提交最终结清申请单（包括相关证明材料）的份数在项目专用合同条款数据表中约定；期限为缺陷责任期终止证书签发后 28 d 内。

七、合同纠纷

（一）合同纠纷的产生与防范

1. 施工合同纠纷常见类型

合同纠纷的范围广泛，涵盖了一项合同从成立到终止的整个过程。施工合同常见的纠纷有如下几种主要类型：

（1）施工合同主体纠纷；

（2）施工合同工程款纠纷；

（3）施工合同质量纠纷；

（4）施工合同分包与转包纠纷；

（5）施工合同变更和解除纠纷；

（6）施工合同竣工验收纠纷；

（7）施工合同审计纠纷。

2. 施工合同纠纷的成因与防范措施

合同纠纷产生的原因是多方面的，也是十分复杂的，主要是目前建筑市场不规范、建设法律法规不完善等外部环境，市场主体行为不规范、合同意识和诚信履约意识薄弱等主体问题，施工项目的特殊性、复杂性、长期性和不确定性等项目特点，以及施工合同本身复杂性和易出错误等众多原因导致的。

为了尽可能减少合同纠纷及违约事件发生，总体上，各方当事人需要提高和强化合同意识、诚信履约意识和合同管理意识，建立、完善和落实合同管理体系、制度、机构及相关人员，正确使用合同标准文本，提高风险管理能力和水平。在具体项目上，各方当事人都应从以下两方面入手解决问题：首先，签订合同要严肃认真；其次，在履约过程中，合同各方当事人应及时交换意见，或按标准合同条款规定，及时交与监理工程师，由三方协商解决，尽可能将合同执行中的问题分别及时地加以适当处理，不要将问题累积下来算总账。

（二）和解

1. 和解的含义

和解是指合同纠纷当事人在自愿友好的基础上，依照法律法规的规定和合同的约定，自行协商解决合同争议。

和解是双方在自愿、友好、互谅的基础上进行的。实事求是地分清责任是和解解决合同纠纷的基础。和解应遵循合法、自愿、平等和互谅互让等原则。和解的方式和程序十分灵活，适合双方当事人对合同纠纷的及时解决。

和解具有局限性。和解所达成的协议能否得到切实、自觉的遵守，完全取决于争议当事人的诚意和信誉。如果在双方达成协议之后，一方反悔，拒绝履行应尽的义务，协议就成为一纸空文。在实践中，当争议标的金额巨大或争议双方分歧严重时，通过协商达成谅解是比较困难的。

2. 和解解决合同争议的程序

和解解决建设工程合同纠纷所适用的程序与建设工程合同的订立、变更或解除所适用的程序大致相同，采用要约、承诺方式。即一般是在建设工程合同纠纷发生后，由一方当事人以书面的方式向对方当事人提出解决纠纷的方案，方案应当是比较具体、比较完整的。另一方当事人对提出的方案可以根据自己的意愿，做一些必要的修改，也可以再提出一个新的解决方案。然后，对方当事人又可以对新的解决方案提出新的修改意见。双方当事人经过反复协商，直至达到一致意见，从而产生"承诺"的法律后果，达成双方都愿意接受的和解协议。对于建设工程合同所发生的纠纷用自行和解的方式解决，应订立书面的协议作为对原合同的变更或补充。

（三）调解

1. 调解的含义

调解是指合同当事人对合同所约定的权利、义务发生争议，不能达成和解协议时，在经济合同管理机关或有关机关、团体等的主持下，通过对当事人进行说服教育，促使双方互相做出适当的让步，平息争端，自愿达成协议，以求解决经济合同纠纷。

合同纠纷的调解往往是当事人经过和解仍不能解决纠纷后采取的方式，因此与和解相比，它面临的纠纷要大一些。与诉讼、仲裁相比，仍具有与和解相似的优点：它能够较经济、较及时地解决纠纷；有利于消除合同当事人的对立情绪，维护双方的长期合作关系。

2. 调解的程序

通常可以按以下程序进行调解：

（1）纠纷当事人向调解人提出调解意向；

（2）调解人做调解准备；

（3）调解人协调和说服；

（4）达成协议。

3. 调解的种类

（1）行政调解，是指合同发生争议后，根据双方当事人的申请，在有关行政主管部门的主持和协调下，双方自愿达成协议的解决合同争议的方式。

（2）法院（司法）调解或仲裁调解，是指合同争议诉讼或仲裁过程中，在法院或仲裁机构的主持和协调下，双方当事人进行平等协商，自愿达成协议，并经法院或仲裁机构认可从而终结诉讼或仲裁程序。调解成功，法院或仲裁庭需要制作调解书，这种调解书一旦由当事人签收就与法院的判决书或仲裁裁决书具有同等法律效力。

（3）人民（民间）调解，是指合同发生争议后，当事人共同协商，请有威望、受信赖的第三人，包括人民调解委员会、企事业单位或其他经济组织、一般公民、律师、专业人士等作为中间调解人，双方合理合法地达成解决争议的协议（书面、口头均可）。

（四）争议评审（裁决）

1. 争议评审（裁决）的含义

争议评审（裁决）是争议双方通过事前协商，选定独立公正的第三人对其争议做出决定，并约定双方都愿意接受该决定的约束的一种解决争议的程序。

这是近年来解决国际工程合同争议的一种新方式。争议评审（裁决）方式的优点包括：

（1）具有施工和管理经验的技术专家的参与，使处理方案符合实际，有利于执行；

（2）节省时间，解决争议便捷；

（3）解决成本比仲裁或诉讼要低；

（4）评审（裁决）决定并不妨碍再进行仲裁或诉讼。

2. DAB 的组织操作

DAB 有常设和临时两种类型，可根据项目的具体情况选择其中一种，也可两者都有。

常设 DAB 是指从签订合同起，直至工程竣工为止。有的项目，DAB 会运作好几年。常设 DAB 通过对施工现场的定期考察，解决施工争议，适用于土木工程的施工。在施工合同中，DAB 是常设的，合同双方应在开工后 28 d 内共同指定 DAB，对施工中发生的争议，在寻求 DAB 决定前，可共同征询 DAB 的意见，预知双方各自的权利，以避开争议决定后的风险。

FIDIC 还规定，合同一方不得单独征询 DAB 的意见。对于常设 DAB，每年对施工现场考察不得少于 3 次，并应在施工关键时刻进行，由合同双方向 DAB 所有成员提供 1 份合同文件及其所要求的其他文件，考察结束，DAB 应写出考察报告。当合同双方发生争议时，DAB 一般先举行听证会，由合同双方提供书面资料，保证争议各方均有充分陈述意见的机会。DAB 的决定应采用书面形式，其内容还应包括争议事项的概述、相关事实、决定的原则等。

临时 DAB 是指仅在发生争议时组成的争议裁决委员会，争议解决后即行解散。临时 DAB 的成员也是临时选定的与争议有关的专家。采用临时 DAB 的目的是为了降低解决争议的费用。一般对于设备供应项目、工厂设备及设计一建造项目，因大量工作集中在工厂内而不是施工现场，为节省费用而选择临时 DAB 方式。FIDIC 在新的《生产设备和设计一建造合同》和《EPC 交钥匙合同》中规定临时 DAB 解决争议的程序是：首先由合同一方向另一方发出争议提交 DAB 的通知，在以后的 28 d 内，双方应指定一个 DAB，并将争议提交其解决。DAB 应在 84 d 内做出决定并指明决定的依据。

3. 解决争议的程序

DRB 和 DAB 都是借鉴在美国采用的 DRB 的经验，二者的规定大同小异。

（1）采用争议评审（裁决）解决争议的协议或条款。

（2）成立争议评审（裁决）组（委员会）。关于委员的选定，DAB 与 DRB 均是在规定时间内由合同双方各推举一人，然后由对方批准。DAB 是由合同双方和这两位委员共同推举第三位委员任主席，DRB 则是由被批准的两位委员推选第三人。

（3）申请评审（裁决）。申请人向争议评审（裁决）组提交一份详细的报告（副本同时提交给被申请人和监理人）。

（4）被申请人向争议评审（裁决）组提交一份答辩报告（副本同时提交给申请人和监理人）。

（5）争议评审（裁决）组邀请双方代表和有关人员举行调查会。

（6）争议评审（裁决）组做出书面评审（裁决）意见。合同任何一方就工程师未能解决的争端提出书面报告后，DAB 应在 84 d 内做出书面决定（DRB 在 28~56 d 内）。

发包人或承包人接受评审（裁决）意见（执行）。不接受评审（裁决）意见，提交仲裁或提起诉讼。双方收到决定或建议书后，如在一定时间内（DAB 为 28 d，DRB 为 14 d）未提出异议，即应遵守执行。

（五）仲裁

1. 仲裁的含义

仲裁，又称为公断，是当发生合同纠纷而协商不成时，由合同双方当事人根据自愿达成的仲裁协议，申请选定的仲裁机构对合同争议依法做出有法律效力的裁决的解决合同争议的方法。

根据《中华人民共和国仲裁法》规定，裁决当事人合同纠纷时，实行"或裁或审制"：当事人没有仲裁协议，一方申请仲裁的，仲裁委员会不予受理；当事人达成仲裁协议，一方向人民法院起诉的，人民法院不予受理，但仲裁协议无效的除外。

仲裁协议是指双方当事人自愿将争议提交仲裁机构解决的书面协议。它包括：合同中的仲裁条款、专门仲裁协议，以及其他形式的仲裁协议。仲裁协议应当具有下列内容：

（1）请求仲裁的意思表示；

（2）仲裁事项；

（3）选定的仲裁委员会。

2. 仲裁的原则

（1）自愿原则。当事人采用仲裁方式解决纠纷，应当贯彻双方自愿原则，达成仲裁协议。如有一方不同意进行仲裁，仲裁机构即无权受理合同纠纷。

（2）公平合理原则。仲裁的公平合理，是仲裁制度的生命力所在。这一原则要求仲裁机构要充分搜集证据，听取纠纷双方的意见。仲裁应当根据事实。同时，仲裁应当符合法律规定。

（3）仲裁依法独立进行原则。仲裁机构是独立的组织，相互间无隶属关系。仲裁依法独立进行，不受行政机关、社会团体和个人的干涉。

（4）一裁终局原则。由于仲裁是当事人基于对仲裁机构的信任做出的选择，因此其裁决是立即生效的。裁决做出后，当事人就同一纠纷再申请仲裁或向人民法院起诉，仲裁委员会或者人民法院不予受理。

3. 仲裁的程序

（1）合同当事人向仲裁机构提交仲裁的申请。仲裁申请书应依据规范载明下列事项：当事人的基本信息；仲裁请求和所根据的事实、理由；证据和证据来源、证人姓名和住所。

（2）仲裁的受理。仲裁委员会收到仲裁申请书之日起 5 d 内，认为符合受理条件的，应当受理，并通知当事人；认为不符合受理条件的，应当书面通知当事人不予受理，并说明理由。

（3）仲裁委员会向申请人、被申请人提供仲裁规则和仲裁员名册。

（4）被申请人向仲裁委员会交答辩书，仲裁委员会将答辩书副本送达申请人。未提交答辩书的，不影响仲裁程序的进行。

（5）组成仲裁庭。仲裁庭不是常设机构，采用一案一组庭。仲裁庭可以由 3 名仲裁员（合议制仲裁庭）或 1 名仲裁员（独任制仲裁庭）组成。由 3 名仲裁员组成的，设首席仲裁员。当事人约定由 3 名仲裁员组成仲裁庭的，应当各自选定或者各自委托仲裁委员会主任指定 1 名仲裁员，第三名仲裁员由当事人共同选定或者共同委托仲裁委员会主任指定。第三名仲裁员是首席仲裁员。当事人约定由 1 名仲裁员成立仲裁庭的，应当由当事人共同选定或者共同委托仲裁委员会主任指定仲裁员。

（6）开庭。仲裁应当开庭进行。当事人协议不开庭的，仲裁庭可以根据仲裁申请书、答辩书以及其他材料做出裁决，仲裁不公开进行。当事人协议公开的，可以公开进行，但涉及国家秘密的除外。

申请人经书面通知，无正当理由不到庭或者未经仲裁庭许可中途退庭的，可以视为撤回仲裁申请。被申请人经书面通知，无正当理由不到庭或者未经仲裁庭许可中途退庭的，可以缺席裁决。

（7）裁决。裁决应当按照多数仲裁员的意见做出，少数仲裁员的不同意见可以记入笔录。仲裁庭不能形成多数意见时，裁决应当按照首席仲裁员的意见做出。

仲裁庭仲裁纠纷时，其中一部分事实已经清楚，可以就该部分先行裁决。

对裁决书中的文字、计算错误或者仲裁庭已经裁决但在裁决书中遗漏的事项，仲裁庭应当补正；当事人自收到裁决书之日起 30 d 内，可以请求仲裁补正。裁决书自做出之日起发生法律效力。

（8）执行。仲裁委员会的裁决做出后，当事人应当履行。由于仲裁委员会本身并无强制执行的权力，因此，当一方当事人不履行仲裁裁决时，另一方当事人可以依照《中华人民共和国民事诉讼法》有关规定向人民法院申请执行。接受申请的人民法院应当执行。

（9）法院监督。当事人提出证据证明裁决有下列情形之一的，可以向仲裁委员会所在地的中级人民法院申请撤销裁决：

①没有仲裁协议的；

②裁决的事项不属于仲裁协议范围或者仲裁委员会无权仲裁的；

③仲裁庭的组成或者仲裁的程序违反法定程序的；

④裁决所根据的证据是伪造的；

⑤对方当事人隐瞒了足以影响公正裁决的证据的；

⑥仲裁员在仲裁该案时有索贿受贿、徇私舞弊、枉法裁决行为的。

人民法院经组成合议庭审查核实，裁决有前款规定情形之一的，应当裁定撤销。人民法院认定该裁决违背社会公共利益的，应当裁定撤销。

4. 申请撤销裁决

当事人提出证据证明裁决有下列情形之一的，可以向仲裁委员会所在地的中级人民法院申请撤销裁决：

（1）没有仲裁协议的；

（2）裁决的事项不属于仲裁协议范围或者仲裁委员会无权仲裁的；

（3）仲裁庭的组成或者仲裁的程序违反法定程序的；

（4）裁决所根据的证据是伪造的；

（5）对方当事人隐瞒了足以影响公正裁决的证据的；

（6）仲裁员在仲裁该案时有索贿受贿、徇私舞弊、枉法裁决行为的。

人民法院经组成合议庭审查核实裁决有前款规定情形之一的，应当裁定撤销。当事人申请撤销裁决的，应当自收到裁决书之日起 6 个月内提出。人民法院应当在受理撤销裁决申请之日起 2 个月内做出撤销裁决或者驳回申请的裁定。

人民法院受理撤销裁决的申请后，认为可以由仲裁庭重新仲裁的，由于仲裁庭在一定期限内重新仲裁，并裁定中止撤销程序。仲裁庭拒绝重新仲裁的，人民法院应当裁定恢复撤销程序。

第七章　公路工程质量管理

第一节　公路工程质量管理基础知识

一、工程质量的概念

（一）质量

质量的定义是"一组固有特性满足要求的程度"。固有特性的内容包括产品和服务、质量管理体系、组织和个人及生产过程四方面。对质量的要求有明确要求（满足合同、设计文件、规范标准）、隐含要求（满足公众所期望的）和必须履行的要求（国家的法律、法规）。

（二）产品质量

产品质量指产品满足人们在生产及生活中所需的使用价值及其属性。它们体现为产品的内在和外观的各种质量指标。根据质量的定义，可以从两方面理解产品质量：第一，产品质量好坏和高低是根据产品所具备的质量特性能否满足人们需要及满足程度来衡量的。第二，产品质量具有相对性。即一方面，对有关产品所规定的要求及标准、规定等因时而异，会随着时间、条件而变化；另一方面，满足期望的程度由于用户需求程度不同，因人而异。

（三）工程项目质量

工程项目质量包括建筑工程产品实体和服务这两类特殊产品的质量。

工程实体作为一种综合加工的产品，它的质量是指建筑工程产品适合于某种规定的用途，满足人们要求其所具备的质量特性的程度。

"服务"是一种无形的产品。服务质量是指企业在推销前、销售时、售后服务过程中满足用户要求的程度。其质量特性依服务业内不同的行业而异，但一般包括服务时间、服务能力、服务态度。

结合公路施工项目的特点，即招标投标、投资额较大、生产周期较长，因此服务质量同样是工程项目质量中的主要因素之一。公路建设行业的服务质量既可以是定量的，也可以是定性的，例如施工工期、现场的概貌、同驻现场的监理和其他施工单位之间的协作配合、工程竣工后的保修等。

（四）工作质量

工作质量是指参与工程的建设者，为了保证工程的质量所从事工作的水平和完善程度。工作质量包括：社会工作质量、生产过程工作质量等。工程质量的好坏是公路工程的形成过程的各方面各环节工作质量的综合反映，而不是单纯靠质量检验检查出来的，要保证工程质量就要求有关部门和人员精心工作，对决定和影响工程质量的所有因素严加控制，即通过工作质量来保证和提高工程质量。多年的施工技术经验表明，要保证公路施工处于较高的工作质量水平，必须从人（Man）、材料（Material）、设备（Machine）、方法（Method）、环境（Environment）这五大要素着手，简称"4M1E"。

二、质量管理的发展

（一）质量检测阶段（20世纪20—40年代）

20世纪前，主要是手工业和个体生产方式，依靠生产操作者自身的手艺和经验来保证质量。进入20世纪，由于生产力的发展，机器化大生产方式与手工作业的管理制度的矛盾，阻碍生产力的发展，于是出现了管理革命。美国的泰勒研究了从工业革命以来的大工业化生产的管理实践，创立了"科学管理"的新理论。1924年，美国统计学家休哈特提出了"预防缺陷"的概念。

（二）统计质量管理阶段（20世纪40—50年代）

20世纪中期，美国国防部请休哈特等研究制定了一套美国战时质量管理方法，强制生产企业进行。这套方法主要采用统计质量控制图，了解质量变动的先兆，进行预防，使不合格品率大为下降，对保证产品质量达到了较好的效果。这种用数理统计方法来控制生产过程影响质量的因素，把单纯的质量检验变成了过程管理，使质量管理从"事后"转到了"事中"，较单纯的质量检验前进了一大步。

（三）全面质量管理阶段（20世纪60年代以后）

20世纪60年代以后，随着社会生产力的发展和科学技术的进步，经济上的竞争也日趋激烈。人们对质量控制的认识有了升华，意识到单纯靠检验手段已不能满足大规模工业化生产的要求了。质量保证除与设备、工艺、材料、环境等因素有关外，还与职工的思想意识、技术素质、企业的生产技术管理等相关。同时检验质量的标准与用户需要的质量标准之间也存在时差，必须及时地收集反馈信息，修改制定满足用户需要的质量操作，使产品具有竞争性。60年代，美国的菲根堡姆首先提出了较系统的"全面质量管理"概念。其中心意思是，数理统计方法是重要的，但不能单独依靠它，只有将它和企业管理结合起来，才能保证产品质量。这一概念通过不断完善，便形成了今天的"全面质量管理"。

全面质量管理阶段的特点是针对不同企业的生产条件、工作环境及工作状态等多方面因素的变化，把组织管理、数理统计方法以及现代科学技术、社会心理学、行为科学等综合运用于质量管理，建立适用和完善的质量工作体系，对每一个生产环节加以管理，做到全面运行和控制，通过改善和提高工作质量来保证产品质量；通过对产品的形成和使用全过程管理，全面保证产品质量；通过形成生产（服务）企业全员、全企业、全过程的质量工作系统，建立质量体系以保证产品质量始终满足用户的需要，使企业用最少的投入获取最佳的效益。

全面质量管理建立了新的质量概念——广义的质量概念，产品的质量就是其使用价值。产品的性能、寿命、可靠性、安全性、适用性、经济性以及在建设、使用过程中及时必要的服务都属于产品质量的范畴，工程质量的好坏是由人的工作质量决定的，要管好工程质量，首先必须管好人的工作质量。

产品有产生和形成的过程，产品的质量也相应有个产生和形成的过程，这个过程中的每个阶段，每个环节都会影响产品质量的好坏。即使是一条最简单的公路工程的施工也是由很多施工工序组成的，因此应对施工全过程进行管理，围绕施工的全过程，建立一套质量保证管理体系。

工程质量是在施工全过程中形成的，它涉及施工企业各部门、各环节的工作质量，要求通过工作质量来保证工程质量。施工企业的工作质量牵扯到全企业的各级领导和所有人员，每个企业中的每一个人都和工程质量有着直接或间接的关系。企业中的每一个人都应重视质量，都从自己的工作中去发现与工程质量有关的因素和特点，主动加强协作配合，互相服务，保证施工过程中的工作质量，工程质量必然会得到控制和提高。

工程质量管理的重点应从施工后的检验转移到施工前和施工中的控制和指导，贯彻以"预防为主"的原则。工程质量随着客观条件的变化，是一个动态的概念，必须加强动态控制，把握住出现质量问题的因素，将其消灭在形成的过程之中。

公路是为国民经济和社会发展服务的，公路开通之后将交给社会使用，施工企业也要经受市场的检验和取舍。在施工过程中，上道工序要把下道工序作为自己的用户看待，要把自己工序的成果当作产品使之符合下道工序的需要。树立"下道工序是用户"的观点，是质量管理尤为需要宣传、教育和提倡的，这是审查保证质量的根本所在。

要严格按客观规律办事，尽量用数据说话。工程质量永远在波动，并且有随机分布的规律，质量的稳定只是相对的，起伏、波动、变化是绝对的。因此对质量的分析、控制和管理，要采用数理统计的方法，要用数据判断、鉴别和决定取舍。这样就能用数理统计的方法，要用数据判断工程质量的好坏程度，是否达到标准。把数据包含着带规律性的问题用图表形式表示出来，从"定性"的管理上升到"定量"的管理。

三、公路工程质量的特性

工程质量是工程符合业主一定需要而规定的技术条件的性能综合，即其技术性能，也可理解为随着现代化生产技术的发展以及市场经济的形成，人们对质量意识的逐步深化，从而产生除本体质量外，还包括工程对环境、社会、经济等方面的影响，也包括了建设全过程各方面的工作质量和管理质量。

公路工程质量是指国家和交通行业现代法律、法规、技术标准、批准的可行性研究报告、设计文件及工程合同中，对工程的安全、适用、耐久、经济、美观等特性的综合要求。它贯穿于公路建设的全过程。由于公路基础设施的公益属性，决定了公路工程质量具有特殊性、公开性和效益性。首先是特殊性，公路工程质量不仅是产品质量问题，而且关系到国计民生和人民出行的财产和生命安全，与公众利益息息相关。其次是公开性，因为路是开放的，对其质量问题，人人都可以监督和评说，因此，公路工程质量是涉及行业形象的大事。最后是效益性，公路设施需要高投入，优质工程会延长使用周期，带来长远的经济效益和社会效益；劣质工程要付出高额代价；勉强过得去的工程，则会增大养护成本。

第二节　质量管理相关方及其活动

一、政府对公路建设工程质量的管理

（一）政府管理机构及其职责

1. 中央一级，国家交通运输部是国家公路建设行政主管部门

负责对全国公路建设工程质量实施统一的管理。

交通运输部管理工程质量的主要职责是：颁布并贯彻国家有关公路建设工程质量的法

律、法规、政策，制定工程质量管理的有关规定和实施细则，指导全国公路建设工程质量的管理工作，组织全国公路工程质量检查及各类执法检查。

2. 省、自治区、直辖市一级，交通厅

主要职能贯彻国家有关公路建设的法律、法规和强制性规范、标准，结合本地区的实际情况，制定区域性的政策法规和地方标准。

3. 地方一级即省、自治区、直辖市所属的地（市）一级的公路建设行政主管部门，交通局

主要职责是贯彻国家有关工程建设的法律法规和强制性规范、标准，以及上一级规定的政策法规和地方标准，制定本地实施细则和具体实施对本地区公路建设工程质量的管理。

（二）政府对公路建设工程质量的管理

政府对工程质量的管理主要以保证工程使用安全和环境质量为主要目的，以法律、法规和强制性标准为依据，落实质量责任，规范建设活动，使工程建设在保证质量的前提下有序地进行。

1. 制定公路建设工程质量法规

市场经济是法治经济，确保工程质量，最根本的是依靠法治，通过建立健全法律法规，把工程建设纳入法制化轨道。公路建设质量法规可分为行政法规和工程技术规范两大类别。

（1）行政法规

是为公路工程质量活动提供管理基础，确保其沿着规范、高效的轨道健康发展而制定的法律、规定和规范性文件。例如，我国的《中华人民共和国公路法》《建设工程质量管理条例》《中华人民共和国招投标法》及有关公路建设市场主体从业资格、工程承发包、工程质量管理监督、勘察设计管理、建设监理、施工管理等规定。根据我国行政法规的层次和立法机关原地位可以划分为法律、法规、行政规章、部门规章、地方法规及地方规章六个层次，分别由全国人民代表大会、国务院、交通运输部及国务院相关部门，省、自治区和直辖市人民代表大会及地方人民政府按规定的立法程序制定发布。

（2）工程技术规范

是指为了促进技术进步、保证工程质量、保障人身和财产安全及产品标准化的要求而制定的技术规范、操作工艺、验收标准等技术文件。例如，工程设计规范、工程施工及验收规范、工程质量检验评定标准等，这些技术性文件由交通运输部或有关专业部门组织制

定和修订，由交通运输部统一发布实施，其中强制性标准具有法律效力。

2. 建立和落实工程质量责任制

（1）工程质量行政领导人的责任

对基础设施项目工程质量，实行行业主管部门、主管地区行政领导责任人制度。中央项目的工程质量，由国务院有关行业主管部门的行政领导人负责；地方项目的工程质量，按照项目所属质量事故，除追究当事单位和当事人的直接责任外，还要追究相关行政领导人在项目审批、执行建设程序、干部任用和工程建设监督管理等方面失职的领导责任。

（2）项目法定代表人的责任

针对一些工程质量出了问题，找不到直接责任人的状况，国家规定了除军事工程等特殊情况外，都要按政企分开的原则组成项目法人，实行建设项目法人责任制。项目法人代表投资者的利益，由项目法定代表人对工程质量负总责。对未经验收或验收不合格就交付使用的，要追究项目法定代表人的责任，造成重大损失的，要追究其法律责任。

（3）工程建设的各方主体及其法人代表的责任

《建设工程质量管理条例》规定：建设单位、勘察单位、设计单位、施工单位、工程监理单位和监督单位依法对建设工程质量负责，各单位的法定代表人，要按各自职责对所承建项目的工程质量负领导责任。因参建单位工作失误导致重大工程质量事故的，除追究直接责任人的责任外，还要追究参建单位法定代表人的领导责任。

（4）工程质量终身负责制

项目工程质量的行政领导责任人，项目法定代表人，勘察、设计、施工、监理和监督等单位的法定代表人，要按各自的职责对其经手的工程质量负终身责任。如发生重大工程质量事故，不管其已调到哪里工作、担任什么职务，都要追究其相应的行政和法律责任。

3. 公路建设活动主体资格的管理

公路建设活动不同于一般经济活动，具有较强的专业性和技术性，从业单位的条件和从业人员的水平，直接影响工程质量和安全生产。因此国家对从事建设活动的单位实行严格的从业许可证制度，对从事建设活动的专业技术人员实行严格的执业资格制度，从市场准入着手，堵住不符合要求单位和个人进入公路建设市场，参与工程建设活动，促进从业单位和人员努力提高工程技术和管理水平，从根本上保证工程勘察、设计、施工和监理的质量。

公路建设行政主管部门及有关专业部门按各自的分工，负责各类资质标准的审定、从业单位资质等级的最后认定、专业技术人员资格等级的核定注册。

（1）从业单位的资质条件和等级

资质是企业法人单位规模及生产能力的表现，由政府建设行政主管部门负责管理。

（2）从业人员的执业资格条件的等级

执业资格是从业人员个人资历、水平等从业条件的表现，由政府主管部门以执业注册的形式加以确认。从事建设活动的结构工程师、造价工程师、监理工程师等应具备一定的专业学历和资历条件。根据条件的不同，按其程度划分为若干个资格等级，经交通行政主管部门或有关专业部门考试和审核合格，依法取得相应的执业资格证书和注册证书许可的范围内从事公路建设活动。

（3）公路建设活动主体资格的动态管理

公路建设行政主管部门或有关专业部门通常对取得从事资格的单位和人员，按照公平竞争、优胜劣汰的原则，对资质等级和从业范围等实施动态管理。

对从业单位突出内在素质、用户评价的跟踪，强化对质量、安全和经营行为的考核，采取有针对性的不定期指定检查或随机抽查、建立信息反馈渠道等手段，结合资质等级年度检查或定期检查、复审，及时搜集和掌握情况，对表现出色的单位，依法升级，对用欺骗手段领取资质证书、资质条件下降、越级造成重大质量或安全事故的单位，依法降低资质或吊销资质等级证书。对用欺骗手段领取执业资格证书、无证执业、出错或转让执业资格证书、以个人名义承接业务、因过错造成质量或安全事故的个人，依法取消资格或吊销执业资格证书，造成经济损失的，追究其所在单位的责任，单位可向个人追偿。

4. 工程承包管理

（1）招标发包的监督

各级公路建设行政主管部门和专业部门应对建设单位的发包活动进行监督。招标发包单位必须事先向招标投标管理机构提出招标申请书，经批准后，方可依法定程序和方式，按公开、公平、公正和择优、诚信的原则有序进行。例如，由招标管理机构对招标文件和标底进行审查，然后由建设单位组织招标、开标、评标、定标，保证评价工作接受政府有关行政部门和其授权机构的监督检查。对应实行招标的工程不招标，利用发包权索贿受贿、收回扣，将工程发包给资质等级不合条件的单位承担，将单项工程设计或单位工程施工等业务肢解发包等违反规定的建设单位，政府主管部门要依法进行查处。

要监督承包企业在资质许可的范围内承担任务，根据招标文件的要求申请投标，提交资格审查资料，严禁中标单位转包或非法分包。目前，各地正在逐步建立的有形建设市场，是建立"公开、公正、公平"竞争机制的基础和需要，对整顿和规范公路建设市场，确保工程质量是一种重要的探索和有力的措施。

（2）建设工程合同管理

建设单位通过发包确定承包单位。对建设工程合同管理主要是对合同签订是否损害社会公众利益进行审查，监督检查合同履行，保证工程建设的质量、工期和效益。依法处理存在的问题，查处违法行为。

5．工程项目的管理

（1）工程报建管理

工程报建制度是政府了解固定资产投资和工程项目建设情况，进行调控管理的重要手段。建设工程立项文件批准后，大中型建设项目的建设单位须持有关批准文件，向工程所在地的省、自治区、直辖市公路建设行政主管部门或授权的机构办理报建手续，然后进行勘察、设计、施工任务的发包活动。报建申请书应载明工程名称、建设地点、投资规模、当年投资额、资金来源、工程规模、开竣工日期、发包条件、工程筹建情况等。

（2）施工许可管理

建设工程施工许可，是指建设行政主管部门根据建设单位的申请，依法对建设工程是否具备施工条件进行审查，准许符合条件的工程开始施工并颁发施工许可证的一种制度。设立和实施施工许可的目的，是通过对建设工程施工所应具备的基本条件的审查，以避免不具备条件的工程盲目开工而造成损失，保证工程开工后的顺利建设。

二、监督单位的质量管理

（一）政府监督的性质

政府监督具有以下的性质：

1．强制性

政府的管理行为象征着国家机器的运转，国家机构的管理职能是通过授权于法来实现的。因此，政府实施的管理监督行为，对于被管理、被监督者来说，只能是强制性的、必须接受的。

2．执法性

政府监督主要依据国家法律、法规、方针、政策和国家及交通运输部颁布的技术规范、标准进行监督，并严格遵照有关规定的监督程序行使监督、检查、许可、纠正、强制执行等权力。监督人员每一个具体的监督行为都有充分的依据，带有明显的执法性，显著区别于通常的行政领导和行政指挥等一般性的行政管理行为。

3. 全面性

政府监督是针对整个工程建设活动的，就管理空间来说，覆盖了社会，就一个工程项目的建设过程来说，则贯穿于工程建设的全过程。但在我国，工程建设的决策咨询、施工监理等不同阶段的监督管理则是由我国不同的政府职能部门分别负责共同完成的。

4. 宏观性

政府监督侧重于宏观的社会效益，主要保证工程建设行为的规范性，维护社会公众的利益和工程建设各参与者的合法权益。对一项具体的工程建设来说，政府监督不同于监理工程师的直接的、连续的、不间断的监理。

（二）政府监督的依据

有关政府职能机构在制定有关法规和规定时必须慎重而全面地考虑以下几个因素：

1. 结合国情，从全局考虑。工程监理的法规体系必须服从国家法律体系及工程建设法律体系的要求，适应我国现行的立法体制及工作实际。

2. 法规和规定要构成一个完整的系统，应尽量覆盖工程监理的全部工作，使每一项工作都有法可依。

3. 多层次的相互协调。工程监理每个层次的法规、规定都要有特定的目的和调整内容，注意避免重复交叉和矛盾，下一层次的法规要服从上一层次的法规，所有的法规、规定、办法都要服从国家法律。

4. 注意借鉴国际经验，在结合国情的基础上，尽量向国际标准靠拢。

因此，公路工程政府监督的依据为：

1. 国家有关公路工程建设政策、法律和法规政策是指与公路工程建设密切相关的经济发展战略、产业发展规划、固定资产投资计划等。

法律是指与公路工程建设有关的法律，特别是经济法律，如"土地管理法""城市规划法""环境保护法"及"经济合同法"等。

法规主要包括：①国务院制定的行政法规；②省级人大及常委会制定的地方性法规；③国务院部门制定的法规、规章和办法。

2. 政府批准的建设计划、规划、设计文件是政府有关部门对工程建设进行审查、控制和结算的依据，也是一种许可，理所当然是政府监督的依据。

3. 国家和交通运输部等有关部委颁布有关技术规范和标准。

三、建设单位的质量管理

（一）建设单位项目管理的组织形式

1. 项目法人的设立

在项目建议书被批准后，应及时组建项目法人筹备组，具体负责项目法人的筹建工作。项目法人筹备组主要由项目的投资方派代表组成。项目可行性研究报告批准后，正式成立项目法人，办理公司设立登记。国家重点项目的公司章程报国家计委备案，其他项目的公司章程按项目隶属关系分别报主管部门、地方计委备案。应实行而没有实行项目法人责任制的建设项目，投资计划主管部门不予批准开工，也不予安排年度投资计划。

2. 项目法人的组织形式

项目法人可按《中华人民共和国公司法》的规定采用有限责任公司（包括国有独资公司）和股份有限公司形式。国有独资公司设立董事会，董事会由投资方负责组建。国有控股或参股的有限公司、股份有限公司设立股东会、董事会和监事会，董事会和监事会由各投资方按规定进行组建，并行使相应职权。董事会在项目建设期间应至少有一名董事常驻现场。

（二）建设单位的质量责任和义务

1. 建设单位应根据国家和交通主管部门有关规定设立，并应当按照国家规定建立健全质量保证体系，建立质量管理制度，落实质量岗位责任制。

2. 建设单位应严格履行基本建设程序，根据公路工程特点和技术要求，确定合理标段、合理工期、合理造价，并按国务院交通主管部门规定通过项目招标选择具有相应资格的勘测设计、施工和监理单位，并应分别签订合同，实行合同管理。

公路工程的合同文件，必须有工程质量条款，明确各项工程和材料的质量标准和合同双方的质量责任。

3. 承担工程项目同一合同段的施工和监理单位不得隶属于同一管理单位，招标代理机构不得参加工程投标。

4. 建设单位应主动接受质监机构对其质量保证体系的监督检查。工程开工前，应按规定向质监机构办理工程质量监督手续；工程施工过程中，应主动接受质监机构对工程质量的监督检查；工程完工后，应由质监机构对工程质量进行鉴定。

5. 建设单位应依照有关公路工程建设的法律、法规、规章、技术标准、规范和合同文件，组织进行设计、施工、监理。开工前应组织施工图设计审查和设计交底；施工中应对工程质量进行检查；工程完工后应及时组织交工验收，并做好竣工验收的准备工作。

6. 建设单位应加强档案管理，所有建设项目都要按照《中华人民共和国档案法》的有关规定，建立健全项目档案。从项目筹划到工程竣工验收和环节的文件资料，都要严格按照规定收集、整理、归档。

7. 建设单位必须向有关的勘察、设计、施工、工程监理等单位提供与建设工程有关的原始资料。

原始资料必须真实、准确、齐全。

8. 建设工程发包单位不得迫使承包方以低于成本的价格竞标，不得任意压缩合理工期。

建设单位不得明示或者暗示设计单位或者施工单位违反工程建设强制性标准，降低建设工程质量。

9. 实行监理的建设工程，建设单位应当委托具有相应资质等级的工程监理单位进行监理，也可以委托具有工程监理相应资质等级并与被监理的工程的施工承包单位没有隶属关系，或者其他利害关系的设计单位进行监理。

下列建设工程必须实行监理：

①国家重点建设工程；

②大中型公用事业工程；

③利用外国政府或者国际组织货款、援助资金的工程；

④国家规定必须实行监理的其他工程。

10. 按照合同约定，由建设单位采购建筑材料、建筑构配件和设备的，建设单位应当保证建筑材料、建筑构配件和设备符合设计文件和合同要求。

建设单位不得明示或者暗示施工单位使用不合格的建筑材料、建筑构配件和设备。

（三）建设单位对项目质量的管理和控制

建设单位要对建设项目全过程的质量负责，对工程质量进行检查和监督，或者委托监理单位对工程项目实行有效的管理，重点是勘察、设计和施工质量的管理和控制。

1. 勘察设计阶段项目质量的管理和控制

（1）委托勘察设计任务

建设单位应根据主管部门审批的或在有关部门备案的投资项目可行性研究报告等文件，办理设计委托与确定的勘察设计单位签订合同，建设单位根据设计单位提出的勘察资料要求，即勘察任务书，委托勘察单位并签订合同，明确双方职责。勘察设计任务的委托，可以一次性办理，也可分阶段进行。建设监理单位协助选择勘察设计单位。商管勘察、设计合同并组织实施。

（2）收集和提供设计基础资料

设计基础资料是设计的重要依据之一，它必须满足工程设计的要求，按合同规定的时间及时、准确地向设计单位提供设计的要求和设计的基础资料。

（3）建设过程中勘察设计工作的组织与控制

建设单位在建设过程中要同勘察设计单位保持经常的联系，做好工程勘察设计的管理与调控。一般包括：组织协调勘察与设计单位之间、勘察设计单位与科研机构之间，以及勘察设计单位与物资供应、施工、监理等单位之间的工作配合；主持研究、讨论、评选和确认重大设计方案；督促勘察单位按合同规定日期交付勘察资料，以满足设计需要；督促设计单位按合同规定的进度交付设计文件，满足建设准备和施工的需要，若发生问题和矛盾，应及时组织协商解决；组织、审查和上报设计文件（如初步设计等），按照规定程序报请有关部门审查批准；组织设计、施工单位进行设计交底，会审施工图纸，重点审查各专业设计之间是否衔接，图面是否统一，图纸是否齐全，审查中发现的问题，由原设计单位负责解释或按一定程序进行修改；配合和协助设计单位处理好施工中的设计问题，包括方案更改、施工图设计修改、合理化建议和材料代用等，并要保证建设进度和施工的不间断进行；认真做好工作勘察设施的维护管理工作，对工程测量控制点，必须妥善维护和保管，未经批准，不得毁坏，对这些设施的移动或销毁，必须建立严格的管理制度。

2. 施工阶段项目质量的管理和控制

在整个施工阶段，建设单位应当自始至终处于组织领导地位，起到督导作用。监理单位协助选择施工承包单位，商管施工合同并组织实施。

（1）施工任务分包的控制

严禁施工单位将承接的公路工程建设项目转包，严格控制公路工程的分包。工程分包单位必须具有相应的资质等级，且不得二次分包。施工合同分包必须经监理单位审查，建设单位批准。

分包单位必须按照分包合同的约定，对工程质量向总承包单位负责，接受总承包单位的质量管理；总承包单位按照总承包的约定，对全部工程质量向建设单位负责，对分包工程的质量与分包单位承担连带责任。

（2）施工过程的控制

严格执行建设程序和工程施工程序、组织设计、施工及监理单位进行施工图会审和技术交底；参与施工及监理单位进行施工方案的审定；组织和参与有关工程的工作会议，协调解决工程建设参与各方及有关方面的矛盾和问题；组织联系落实应由建设单位供应的材料、构配件和设备等建设物资供应；填写施工日记，收集整理文件资料，做好归档准备工作。

（3）竣工验收阶段项目质量的管理和控制

工程项目按设计文件和合同规定的内容和标准全部建成。对竣工工程应由各方按照设计与施工验收规范进行技术检验。建设单位应督促和协调各单位对所有技术文件资料进行系统整理，对不符合要求的，应限期修改、补齐。对原材料、构配件和设备的质量证明材料、试验检验资料、隐蔽工程验收记录及施工记录等各种技术资料和工程档案。进行审核并按规定分类立卷，准确、完整地绘制竣工图，并符合档案管理的有关规定。重大工程还要请上级单位或地方政府派员参加，列为国家重点工程的大型建设项目，往往由国家有关部委，邀请有关方面参加，组成工程验收委员会进行验收。验收完毕并确认符合竣工标准和合同条款规定要求以后，向承包单位签发竣工验收证明书，并办理竣工备案和工程移交手续。

四、施工单位的质量管理

（一）施工单位在工程质量管理中的作用和责任

1. 施工单位在工程建设中的地位和作用

施工单位是工程项目任务的最终完成者，施工单位通过生产活动，把各种工程材料和构件建成不同等级的公路和构筑物，为国民经济的发展提供物质技术基础，为发展生产和改善人民生活服务。

工程施工是使建设工程设计意图最终实现并形成工程载体的阶段，也是最终形成工程质量和工程产品功能和使用价值的关键阶段。因此，施工单位质量的管理和控制是工程项目质量管理和控制的重点。

2. 施工单位的质量责任

根据《中华人民共和国公路法》《建设工程质量管理条例》《公路工程质量管理办法》的规定，施工单位主要有以下几方面质量责任：

（1）施工单位必须按资质、资信等级确定的业务范围参加投标，承揽工程施工任务，并接受质监机构对其资质和质量体系的监督检查。

（2）施工单位必须依据有关公路工程建设的法律、法规、规章、技术标准和规范的规定，按照设计文件、施工合同和施工工艺要求组织施工，并对其施工的工程质量负责。施工单位应当建立质量责任制，确定工程项目的项目经理、技术负责人和施工管理负责人。建设工程实行总承包的，总承包单位应当对全部建设工程质量负责；建设工程勘察、设计、施工、设备采购的一项或者多项实行总承包的，总承包单位应当对其承包的建设工程或者采购设备的质量负责。

（3）施工单位必须建立施工质量保证体系，推行全面质量管理，制定和完善岗位质量责任、质量规范及考核办法，建立工地试验室，加强施工过程中的自检、互检和交接检工作。对交付监理签认的工程，要落实质量责任制。

（4）总承包单位依法将建设工程分包给其他单位的，分包单位应当按照分包合同的约定对其分包工程的质量向总承包单位负责，总承包单位对分包工程的质量承担全部责任。

（5）施工单位必须按照工程设计图纸和施工技术标准施工，不得擅自修改工程设计，不得偷工减料。施工单位在施工过程中发现设计文件和图纸有差错的，应当及时提出意见和建议。

（6）施工单位必须按照工程设计要求、施工技术标准和合同约定，对建筑材料、建筑构配件、设备和商品混凝土进行检验，检验应当有书面记录和专人签字；未经检验或者检验不合格的，不得使用。

（7）施工单位必须建立健全施工质量的检验制度，严格工序管理，做好隐蔽工程的质量检查和记录。隐蔽工程在隐蔽前，施工单位应当通知建设单位和监理单位检查认可。

（8）施工人员对涉及结构安全的试块、试件以及有关材料，应当在建设单位或者工程监理单位监督下现场取样，并送具有相应资质等级的质量检测单位进行检测。

（9）施工单位对施工中出现质量问题的建设工程或者工程验收不合格的建设工程，应当负责返修。

（10）施工单位应当建立、健全教育培训制度，加强对职工的教育培训；未经教育培训或者考核不合格的人员，不得上岗作业。

（11）工程发生质量事故，施工单位必须按规定向监理单位、建设单位及有关部门报告，并保护施工现场接受调查，认真进行事故处理。

（12）竣工的公路工程项目必须符合有关公路工程标准及设计文件要求，并按规定向建设单位提交完整的技术档案、试验成果及有关资料。

3. 施工项目经理的质量责任

施工项目经理是企业法人在建设工程项目上的代表人，应经建设行政主管部门或专业部门考试合格并取得相应的资格等级证书。其责任包括负责对参加本项目施工的人员进行质量管理教育；贯彻执行国家和企业颁发的保证工程质量的规定、规程、制度和措施；认真选择合适的材料供应厂商和工程分包队伍，不采用不正当的手段采购物资、分包工程；组织质量自检、互检和专检，及时处理协调有关质量的矛盾和问题，确保项目质量目标的实现。

（二）工程项目施工质量控制的内容和措施

1. 施工准备阶段工作质量控制

从技术质量的角度来讲，施工准备工作主要是做好图纸学习与会审、编制施工组织设计和进行技术交底，为确保施工生产和工程质量创造必要的条件。

（1）图纸学习与会审

设计文件的学习和图纸会审是进行质量控制和规划的一项重要而有效的方法。一方面使施工人员熟悉和了解工程特点、设计意图和掌握关键部位工程质量技术要求，更好地做到按图施工；另一方面通过图纸审查，及时发现存在的问题和矛盾，提出修改意见，帮助设计单位减少差错，提高设计质量，避免产生技术事故或工程质量问题。

图纸会审由建设单位或监理单位主持，设计单位、施工单位参加。设计单位介绍设计意图、图纸、设计特点和对施工的要求，施工单位提出图纸中存在的问题和对设计单位的要求，通过三方讨论和协商，解决存在的问题，写出会审纪要，设计人员在会后通过书面形式进行解释，或提出设计变更文件及图纸。图纸审查必须抓住关键，特别注意对构造和结构的审查，必须形成文件，并作为档案保存。

（2）编制施工组织设计

高质量的工程和有效的质量体系不是偶然能达到的，往往须经过精心策划和周密计划。施工组织设计就是对施工的各项活动做出全面的构思和安排，指导施工准备和施工全过程的技术经济文件，它的基本任务是使工程施工建立在科学合理的基础上，保证项目取得良好的经济效益和社会效益。公路建设工程项目的单体性决定了对每个项目都必须根据其设计特点和施工特点进行施工组织，并编制满足需要的施工组织设计。

根据设计阶段和编制对象的不同，施工组织设计大致可分为施工组织总设计，单位工程施工组织设计和难度较大、技术复杂和新技术项目的分部分项工程施工组织设计三大类。施工组织设计的内容因工程的性质、规模、复杂程度等情况的不同而异，通常应包括质量措施、安全文明施工措施、各项资源需要量计划及施工平面图、技术经济指标等基本内容。施工组织设计编制和修改要按照施工单位隶属关系及工程性质实行分级审批；实施监理的工程，要经监理单位审批。

施工组织设计中，对质量控制起主要作用的是施工方案，主要包括施工程序的安排、主要项目的施工方法、施工工艺、施工机械的选择，以及保证质量、安全施工、冬季和雨季施工等方面的预控方法和针对性的技术组织措施。选择施工方案时，应以国家和地方规程、标准、技术政策为基础，以质量第一、确保安全为前提，按技术上先进、经济上合理的原则，对主要项目可拟订几个可行的方案，突出主要矛盾，摆出主要优缺点，采用建设、监理、设计和施工单位相结合等形式讨论和比较，不断优化，选出最佳方案。对主要项目关键部位和难度较大的项目，如新结构、新材料、新工艺、大跨度、高填方、深基础和高度大的工程部位，制订方案时要反复讨论，并制定确保质量、安全的技术措施。

（3）组织技术交底

技术交底是指单位工程、分部工程、分项工程正式施工前，对参与施工的有关管理人员、技术人员和工人进行不同重点和技术深度的技术性交代和说明。其目的是使参与项目施工的人员对施工对象的设计情况、结构特点、技术要求、施工工艺、质量标准和技术安全措施等方面有一个较详细的了解，做到心中有数，以便科学地组织施工和合理地安排工序，避免产生技术错误或操作错误。

技术交底是一项经常性技术工作，可分阶段进行。项目经理根据施工进度，分阶段向工长及职能人员交底；工长在每项任务施工前，向操作班组交底。技术交底应以设计图纸、施工组织设计、质量检验评定标准、施工验收规范、操作规程和工艺卡为依据，编制交底文件，必要时可用图表、实样、现场示范操作等形式进行，并做书面交底记录。特别对重点、特殊工程和特殊部位，以及"四新"技术的交底，内容要全面，重点要明确，要求具体而详细，注重可操作性。

（4）控制物资采购

施工所需的物资，包括原材料、构配件和设备等，除由建设单位提供外，其余均需施工单位自行采购、订货。如果生产、供应单位提供的物资不符合质量要求，施工企业在采购前和施工中又没有有效的质量控制手段，往往会埋下工程隐患，甚至酿成质量事故。因此，采购前应着重掌握生产、供应单位的质量保证能力，选择合适的供应厂商和外加工单位。按先评价、后选择的原则，由熟悉物资技术标准和管理要求的人员对拟选择的分供方，通过对其技术、管理、质量检测、工序质量控制售后服务等质量保证能力信誉的调查，以及产品质量的实际检验评价，各分供方之间的比较，最后做出综合评价，再选择合格的分供方建立供求关系。对已建立供求关系的分供方还要根据情况的变化和需要，定期地进行连续评价和更新，以使采购的物资持续保持符合质量要求的水平上。

2. 施工阶段施工质量控制

施工阶段是形成工程项目实体的过程，也是形成最终产品质量的重要阶段。

在施工过程中解决质量问题是最经济的，强调过程中解决质量问题是非常重要的。因此应按照施工组织设计的规定，通过把好材料、质量验收关，做好施工中的巡回检查，对主要分部分项工程和关键部位进行质量监控，严格工序检查验收和隐蔽验收及工程预检，加强设计变更管理，及时记录、收集和整理施工技术资料等工作措施，以保持施工过程的工程总体质量处于稳定受控状态。

（1）严格进行材料、构配件检验和试验与施工试验

为避免不合格的原材料、构配件、设备、半成品，如钢材、水泥、钢筋连接接头、混凝土、砂浆、预制混凝土构件等进入施工现场，必须按规范、标准和设计的要求，根据对质量的影响程度和使用部位的重要程度，在使用前采用抽样检查或全数检查等形式，通过检验和试验手段，判断其质量的可靠性。

检验和试验的方法有书面检查、外观检验、理化试验和无损检验等四种。书面检验，是对提供的质量保证资料、试验报告等进行审核，予以认可。外观检验，是对品种、规格、标志、外形尺寸等进行直观检查。理化试验，是借助实验设备和仪器对样品的化学成分、机械性能等进行性能测试和鉴定，如钢材的抗拉强度、混凝土的抗压强度、水泥的安定性等，委托具备法定资格的检测机构进行。无损检验是在不破坏样品的前提下，利用超声波、X射线、探伤仪等进行检测，如钢结构焊缝缺陷的检验。

严禁将未经检验和试验或检验不合格的材料、构配件、设备、半成品等投入使用。

（2）实施工序质量监控

工程项目的施工过程，是由一系列相互关联、相互制约的工序所构成的，例如，混凝土工程由搅拌、运输、浇灌、振捣、养护等工序组成。工序质量直接影响项目整体质量，工序质量包含两个相互关联的内容：一是工序施工完成的工程产品是否达到有关质量标准。二是为了指导工程质量从事后检查把关，转向事前和事中控制，达到以预防为主的目的，必须加强施工工序的质量监控。

工序质量监控的对象是对影响工序质量的因素，特别是对主导因素的监控，其核心是管因素、管过程，而不是单纯管结果。

（3）组织质量检验

具体形式有质量自检、互检和专业质量检查，工序交接检查，工程隐蔽验收检查，工程预检，基础和主体工程检查验收等。

（4）设计变更管理

施工过程中往往会发生没有预料到的新情况，如设计与施工的可行性发生矛盾；建设单位因工程使用目的、功能或质量要求发生变化，而导致设计变更，或其他原因引起设计变更。设计变更须建设单位、监理单位、设计单位同意，共同签署设计变更记录，由设计单位负责修改，并向施工单位签发设计变更通知书。对建设规模、投资方案有较大影响的变更，须经原批准设计单位同意，方可进行修改。设计变更必须真实地反映工程的实际变更情况，变更内容要条理清楚、明确具体，除文字说明外，还应附施工图纸，以利于施工。设计变更要注明日期，及时送交施工各方有关部门的人员。接到设计变更通知书，应立即按要求改动，避免施工管理漏项。对重要的或影响全局的，必须加

强复核，避免发生重大差错，影响工程质量和使用。所有设计变更资料，均须有文字记录，并按要求归档。

（5）积累工程施工技术资料

工程施工技术资料是施工中的技术、质量和管理活动的记录，是对质量追溯的主要依据，也是工程档案的主要组成部分。施工技术资料管理是确保工程质量和完善施工管理的一项重要工作，它反映了施工活动的科学性和严肃性，是工程施工质量水平和管理水平的实际体现。施工企业必须按各专业质量检验评定标准的规定和各地的实施细则，全面、科学、准确、及时地记录施工及试验资料，按规定积累、计算、整理、归档，手续必须完备，并不得有伪造、涂改、后补等现象。

3.竣工验收交付阶段的工程质量控制

工程竣工后，经工程监理单位核定，达到质量标准，由建设单位组织对竣工工程的质量进行验收，在办理竣工手续后可交付使用。

（1）坚持竣工标准

达不到竣工标准的工程，不能算是竣工，也不能报请竣工质量核定和竣工验收。按照设计图纸、技术说明书、验收规范进行验收，工程质量符合各项要求，在工程内容上按规定全部施工完毕，不留尾巴。

（2）做好竣工预检

竣工预检是承包单位内部的自我检验，目的是为正式验收做好准备。竣工预检可根据工程重要程度和性质，按竣工验收标准，分层次进行。通常先由项目部组织自查，对缺漏或不符合要求的部位和项目，确定整改措施，指定专人负责整改。在项目部整改复查完毕后，报请承包企业或上级单位进行复验，通过复验，解决全部遗留问题，经确认全部符合竣工验收标准，具备交付使用条件。

（3）整理工程竣工验收资料

工程竣工验收资料是使用、维修、扩建和改建的指导文件和重要依据，工程项目交接时，承包单位应将成套的工程技术资料进行分类整理、编目建档后移交给建设单位。

（4）缺陷责任期的工程质量控制

工程项目在竣工验收交付使用后，按照合同和有关规定，在一定期限内，施工单位应主动对工程进行保修，并征求建设单位对工程质量的意见，对属于施工单位施工质量问题，负责维修，不留隐患，如属设计原因造成的质量问题，在征得建设单位和设计单位认可后，协助修补。

第三节　公路设计项目质量管理措施

一、公路设计项目的质量管理计划

1. 公路设计策划与设计计划

公路设计策划是针对某个公路设计项目先建立质量目标，制定质量要求并相应开展各种设计活动。

公路设计计划是以设计计划的形式编制的，由项目的设计策划形成的文件，它是项目设计质量管理及控制的依据性文件。

2. 公路设计项目质量管理计划内容

公路设计质量管理计划的内容包括：项目的质量目标以及对设计质量控制的要求，项目概况，项目的设计范围及设计分工，设计的指导思想及设计原则；业主对设计的特殊要求，设计者工期计划及设计组织，设计的工作程序、设计的进度计划及设计的里程碑的进度计划，设计各阶段的设计评审及验证的安排，设计采用的技术标准、规范，必要的附件，设计合同、可研报告以及设计技术指标表，等等。只有合理地制订公路设计项目质量管理计划，才能为项目的顺利开展奠定基础。

二、公路设计项目质量管理体系研究

公路设计项目的质量管理体系是根据《质量管理体系要求》标准结合设计单位实际情况制定的，在实际运行中不断修改完善。它阐述了设计单位的质量方针，并对设计单位的质量管理体系提出了具体要求，是项目一切质量管理活动必须遵循的纲领性文件。该体系是设计单位质量管理的法规，是质量管理体系运行的准则，也是设计单位对所有顾客的承诺。它包括设计项目质量管理的要求、质量管理职责，以及为确保过程的有效策划、运行和控制所需的文件等。

1. 公路设计项目质量管理的要求

（1）设计质量管理总的要求：在满足业主对公路工程项目的功能及使用价值需求的情况下，正确处理业主需要与资源、投资、技术、标准、环境及法规之间的关系，尽力做到经济、可靠、安全、节能、减少资源的消耗、节约占地、生态环保及可持续发展等的综合协调的工作。

（2）设计质量管理的具体要求：

①符合已批复的项目建议书、工可报告、项目占地等的内容要求。

②符合相关的公路规范标准及技术要求。

③符合有关的质量管理体系及工程建设的法律、法规。

④满足业主的建设意图及设计合同要求，满足施工的要求，不影响工程的进度和质量。

⑤设计图纸齐全，技术要求明确，计算准确。设计单位有义务协助施工单位了解和掌握设计图纸的要求及设计意图。

⑥反映建设过程中及建成后所需要的有关要求、数据和资料。

（3）公路设计阶段投资、进度、质量三者之间的关系

公路设计阶段要处理好投资、进度、质量三者之间的关系，在既定投资限额的约束下，努力达到业主所需的较高的质量水平及最佳使用功能。

2. 公路设计过程的质量管理职责

（1）项目负责人的质量职责

项目负责人在室主任的领导下，按质量管理体系的要求对全项目组的测量、设计工作负责。

①根据室里的测量、设计生产任务以及本组人员的具体情况，尽快熟悉理解并对本组人员传达《测量指导书》《设计指导书》。合理分配组员应承担的任务，编制本组的生产和创优计划，组织全组人员按照相关程序完成各项测设任务。对项目全面负责（包括进度、重大方案等），对设计内容的完整性、全面性负责。

②组织测设人员做好基础资料及相关信息的收集，并对设计输入的资料进行深入细致的分析研究，做好设计方案的比选，树立创新意识，积极采用新技术，以提高设计质量。对原始资料（数据）应用的充分性和适宜性负责。

③协调本组人员做好自校、互校和组审工作，做好设计文件的编制工作，注重工作效率，复核互提资料，保证其充分、准确。对本组的设计质量负责。

对项目的组织实施和全过程控制，编制《设计计划书》。

④组织测设人员做好中间检查和事后总结，及时处理不合格品，贯彻实施纠正和预防措施，做到不合格产品不出组，并及时在组内开展质量教育和质量剖析活动，保证质量管理体系在项目中正常运行。

⑤复核图纸（报告）及计算书，对具体设计方案合理性，设计内容的完整性、全面性负责。

⑥对常规计算方法的正确性、关键数据的正确性，计算结果的可信性、合理性负责。

⑦对设计、复核人员进行技术指导，并进行质量教育，确保管辖范围质量管理体系正常运行。

⑧根据室主任的安排，熟悉顾客要求并与顾客沟通，组织本组的设计变更和后期服务，重视施工现场的信息反馈，广泛收集与本组产品有关的内容，适时进行归纳和整理。对无合理理由未落实复核意见的产品，有权拒绝签署。

⑨参加设计评审、设计确认会议，汇报项目设计情况，并落实会议精神。

（2）设计各专业室的质量职责

设计单位一般实行专业部室及项目组相结合的矩阵式管理方式。设计的各专业室、项目组分别对设计质量负有相应职责；设计人员在质量管理上受设计各室及项目组的双重领导，各室人员都应理解质量方针和质量目标，贯彻执行相关的质量管理体系文件，并在执行中不断考核其有效性。设计各专业室的质量职责主要有：

①派出符合资格要求的相应的专业负责人及各级专业设计人员加入项目组，以保证项目组有富裕的质量、数量的人力资源，以保证项目的设计质量和水平。

②项目负责人指导、监督参加该项目组的所有人员，并在生产活动中严格遵守执行本公司的质量管理体系标准，并采取质量保证及控制措施对项目各专业的设计过程进行有效的控制。

③制定工程项目中各专业采用的标准、规范，并确保使用现行的有效版本。

④确定设计中拟采用的专业技术方案，并对设计的专业技术方案的合理性、先进性、可靠性论证比选，确保专业技术方案的合理可靠。

⑤在实施项目或用户的变更中，严格按照设计更改程序。

⑥负责对设备及材料供货厂商报价相关的技术评审。

⑦设计过程中若出现设计的不合格成果时，严格地执行相应的控制程序。

⑧必要时，可参加项目的合同评审及承包方的资格审查。

⑨负责收集、编制及管理设计过程中相应产生的各种质量管理记录。

（3）复核人员的职责

复核人员必须是具有大学本科以上学历的专业技术人员，由正/副室主任或具备中级职称的技术人员担任，敬业、爱岗，具有良好的道德品质和行业素质，熟悉业务技术和常用设计规范、标准及其他质量技术要求。主要职责有：

①复核图纸（报告）及计算书，并用红色明确、清晰标识，对图纸（报告）、原始资料（数据）、计算公式和计算结果的正确性负责。

②向审核、审定人员介绍复核情况。

③对无合理理由未落实复核意见的产品，有权拒绝签署。

三、公路设计项目质量管理的改进措施

1. 增强设计人员的质量意识，提高设计人员的业务技能

公路工程的设计成果是将无形抽象的人类思维活动，转化为可视的文字、图形及数据等。公路工程的设计工作是一种创造性的劳动，设计质量是在严格遵守规范、技术标准及法规的基础上，对公路工程所处的地质条件做出准确、及时的评价，正确协调经济、技术及环境等条件的相互约束，使公路工程设计项目更好地满足业主要求的使用功能及价值，保障发挥项目投产后的经济效益。

人是设计生产、经营过程的主体，公路工程项目设计工作的管理协调、组织策划及过程控制，都是通过设计者来完成的。设计者的文化程度及技术水平、职业道德等，都对工程的设计质量产生一定的影响，所以，设计者的水平是影响公路设计质量的一个重要因素。从本质上讲，作为公路设计单位的员工，必须将质量责任意识作为一种责无旁贷的使命，无论在什么岗位，都肩负着公路建设的责任和使命，增强公路设计人员的业务技术培训，不断提高他们的专业技能。公路设计项目质量的高低与设计者的专业技术水平及综合素质是密不可分的。因此，设计单位要制订专门的员工培训计划，运用激励措施及考核奖励办法，促使员工自觉学习新的规范、技术标准及设计专业的各种技术规定、作业程序，不断提高设计者的业务水平。采用"传帮带"模式，开展岗位技能的培训，让专业技术水平高、设计经验丰富的人员当老师，带着年轻人干，从简单图纸开始，整个项目流程做下来，给年轻人分配一些力所能及的工作，逐步掌握一定的设计技能，不断积累，让年轻人能够将理论知识、规程及规范逐步应用到实际的工程设计中去，不断地熟悉公路设计的流程及要求，不断提升业务水平。

培养公路专业设计人员细致的工作作风及爱岗敬业精神，并要求设计人员做到"四勤"：脑勤，要熟悉相应基础数据，抓住关键，勤动脑筋，想方设法来保证公路工程的设计质量；手勤，对发现及处理的问题要有记录；腿勤，为了获取准确的一手设计资料要勤跑，并将不正确的信息消除在萌芽状态；口勤，在设计的过程中遇到问题要及时汇报，设计完成后，给下一道工序提供图纸要进行技术交底工作，介绍整个工程项目的设计意图、建设条件及须注意的事项，遇到协助配合的情形要及时沟通并协商解决。在工作中创造一种乐于学习的氛围，通过学习来不断提升设计者的设计咨询水平。

2. 优化组织结构，合理配置资源

设计单位目前主要是职能式组织结构，其好处是能发挥职能部门的专业作用，减轻单位领导者的负担；其不足是阻碍了所需的集中决策及指挥。同时，因为专业职能部门的质

量管理能力不强，特别对客户在设计质量改进方面的需求反应较迟，对设计过程的管理控制不够及时，这也降低了质量系统的运行效率。从设计单位的工作内容及特点来看，更适合建立按各个项目划分的矩阵式结构。项目负责人是以提高项目设计质量为目的的，赋予项目负责人特定的责任及权力，充分发挥项目负责人的指挥、协调作用，可以使不同设计者之间的配合及信息交流更加顺畅，组织机构运转灵活，项目成员协调能力增强，能够较好地处置设计中的各种变化情况，并迅速做出应对的措施。

设计单位是面对多个项目同时开展设计工作的，为了保证工程设计质量，单位领导和项目负责人要根据项目的轻重缓急和难易程度，给项目投入相应的资源，分配好设计、校核、审核不同层次的资源，通过多层次的综合调配，使有限的资源发挥最大的作用，以保证工程设计质量。

3. 严格地执行设计质量管理体系，持续改进设计质量

通过进行 ISO9001 质量管理体系的认证工作，设计单位建立了一整套较健全的管理制度，如专业之间沟通配合制度、质量评定办法及图纸会签制度等。质量管理体系的建立不仅仅是质量贯标认证的要求，其根本目的在于通过实施质量管理体系，规范作业流程以及设计人员的行为，明确各专业的设计要求、工序，通过质量管理制度来减少公路设计中各专业间的配合协作，建立相应质量跟踪检查及质量记录制度，确保设计工作的每个环节都合理有序到位，使公路设计质量可控、能控及在控。所以，我们确保严格地执行各项设计管理制度，以保证设计质量，并不断持续地改进设计质量。

总之，因为专业设计人员的技术能力培养需要一个较长的过程，目前来说，能够较快提升公路设计质量的办法是严格执行质量管理制度、程序，优化组织结构及资源配置，加强质量监督检查，通过对质量管理工作的循环管理控制，以达到持续改进提高设计质量的目的。

第四节 高速公路建设项目质量管理

一、高速公路项目质量控制目标

高速公路项目施工质量控制的总目标，是实现由高速公路项目决策、设计文件和施工合同所决定的预期使用功能和质量标准。尽管建设单位、设计单位、施工单位、供货单位和监理机构等，在施工阶段质量控制的地位和任务目标不同，但从高速公路项目管理的角度，都是致力于实现高速公路项目的质量总目标。因此，施工质量控制目标，可具体表述如下：

（一）建设单位的控制目标

高速公路建设单位在施工阶段，通过对施工全过程、全面的质量监督管理、协调和决策，保证竣工项目达到投资决策所确定的质量标准。

（二）设计单位的控制目标

高速公路设计单位在施工阶段，通过对关键部位和重要施工项目施工质量验收签证、设计变更控制及纠正施工中所发现的设计问题，采纳变更设计的合理化建议等，保证竣工项目的各项施工结果与设计文件（包括变更文件）所规定的质量标准相一致。

（三）施工单位的控制目标

高速公路施工单位包括施工总包和分包单位，作为高速公路产品的生产者和经营者，应根据施工合同的任务范围和质量要求，通过全过程、全面的施工质量自控，保证最终交付满足施工合同及设计文件所规定质量标准（含高速公路质量创优要求）的高速公路产品。我国《高速公路质量管理条例》规定，施工单位对高速公路的施工质量负责；分包单位应当按照分包合同的约定对其分包工程的质量向总承包单位负责，总承包单位与分包单位对分包工程的质量承担连带责任。

（四）供货单位的控制目标

高速公路建筑材料、设备、构配件等供应厂商，应按照采购供货合同约定的质量标准提供货物及其质量保证、检验试验单据、产品规格和使用说明书，以及其他必要的数据和资料，并对其产品质量负责。

（五）监理单位的控制目标

高速公路监理单位在施工阶段，通过审核施工质量文件、报告报表及采取现场旁站、巡视、平行检测等形式进行施工过程质量监理；并应用施工指令和结算支付控制等手段，监控施工承包单位的质量活动行为、协调施工关系，正确履行对工程施工质量的监督责任，以保证工程质量达到施工合同和设计文件所规定的质量标准。高速公路监理工程师认为工程施工不符合工程设计要求、施工技术标准和合同约定的，有权要求高速公路施工企业改正。

高速公路施工质量的自控和监控是相辅相成的系统过程。自控主体的质量意识和能力是关键，是施工质量的决定因素；各监控主体所进行的施工质量监控是对自控行为的推动和约束。因此，自控主体必须正确处理自控和监控的关系，在致力于施工质量自控的同时，还必须接受来自业主、监理等方面对其质量行为和结果所进行的监督管理，包括质量检查、评价和验收。但作为自控主体不能因为监控主体的存在和监控职能的实施而减轻或免除其质量责任。

二、高速公路项目质量计划的编制方法

高速公路质量计划是高速公路项目质量管理体系文件的组成内容。在合同环境下高速公路质量计划是高速公路施工企业向顾客表明质量管理方针、目标及其具体实现的方法、手段和措施，体现企业对质量责任的承诺和实施的具体步骤。详细论述如下：

（一）施工质量计划的编制主体和范围

高速公路项目施工任务的组织，无论业主方采用平行承发包还是总分包方式，都将涉及多方参与主体的质量责任。也就是说高速公路的直接生产过程，是在协同方式下进行的，因此，在工程项目质量控制系统中，按照谁实施、谁负责的原则，明确施工质量控制的主体构成及其各自控制范围。

高速公路施工质量计划的编制主体，由自控主体即高速公路施工承包企业进行编制。在平行承发包方式下，各承包单位应分别编制施工质量计划；在总分包模式下，施工总承包单位应编制总承包工程范围的施工质量计划，各分包单位编制相应分包范围的施工质量计划，作为施工总承包方质量计划的深化和组成。施工总承包方有责任对各分包施工质量计划的编制进行指导和审核，并承担相应施工质量的连带责任。

高速公路施工质量计划的编制范围，从工程项目质量控制的要求，应与高速公路工程施工任务的实施范围相一致，以此保证整个高速公路项目的施工质量总体受控；对具体施工任务承包单位而言，施工质量计划的编制范围，应能满足其履行工程承包合同质量责任的要求。高速公路项目的施工质量计划，应在施工程序、控制组织、控制措施、控制方式等方面，形成一个有机的质量计划系统，确保项目质量总目标和各分解目标的控制能力。

（二）现行施工质量计划的方式和内容

高速公路质量计划是质量管理体系标准的一个质量术语和职能，在高速公路施工企业的质量管理体系中，以施工项目为对象的质量计划称为施工质量计划。

高速公路现行施工质量计划的方式，在我国除了已经建立质量管理体系的部分施工企业直接采用施工质量计划的方式外，通常还普遍使用工程项目施工组织设计或在施工项目管理实施规划中包含质量计划的内容。因此，现行的施工质量计划有三种方式：工程项目施工质量计划、工程项目施工组织设计（含施工质量计划）、施工项目管理实施规划（含施工质量计划）。高速公路施工组织设计或施工项目管理实施规划之所以能发挥施工质量

计划的作用，这是因为根据高速公路生产的技术经济特点，每个工程项目都需要进行施工生产过程的组织与计划，包括施工质量、进度、成本、安全等目标的设定，控制计划和控制措施的安排等。因此，施工质量计划所要求的内容，理所当然地被包含于施工组织设计或项目管理实施规划中，而且能够充分体现施工项目管理目标（质量、工期、成本、安全）的关联性、制约性和整体性，这也和全面质量管理的思想方法相一致。

在已经建立质量管理体系的情况下，高速公路施工质量计划的基本内容必须全面体现和落实高速公路施工企业质量管理体系文件的要求（也可引用质量体系文件中的相关条文），编制程序、内容和编制依据要符合有关规定，同时结合工程项目的特点，在质量计划中编写专项管理要求。高速公路施工质量计划的基本内容一般应包括：a. 工程特点及施工条件分析（合同条件、法规条件和现场条件）；b. 质量总目标及其分解目标；c. 质量管理组织机构和职责、人员及资源配置计划；d. 确定施工工艺与操作方法的技术方案和施工任务的流程组织方案；e. 施工材料、设备物资等的质量管理及控制措施；f. 施工质量检验、检测、试验工作的计划安排及其实施方法与接收准则；g. 施工质量控制点及其跟踪控制的方式与要求；h. 记录的要求等。

（三）施工质量计划的审批程序与执行

高速公路施工单位的项目施工质量计划或施工组织设计文件编成后，应按照工程施工管理程序进行审批，包括施工企业内部的审批和项目监理机构的审查。

高速公路企业内部的审批，是指高速公路施工单位的项目施工质量计划或施工组织设计的编制与审批，应根据企业质量管理程序性文件规定的权限和流程进行。通常是由项目经理部主持编制，报企业组织管理层批准，并报送项目监理机构核准确认。

高速公路施工质量计划或施工组织设计文件的审批过程，是高速公路施工企业自主技术决策和管理决策的过程，也是发挥企业职能部门与施工项目管理团队的智慧和经验的过程。

高速公路监理工程师的审查，是指实施工程监理的高速公路施工项目，按照我国高速公路监理规范的规定，施工承包单位必须填写《施工组织设计（方案）报审表》并附施工组织设计（方案），报送项目监理机构审查。规范规定项目监理机构"在工程开工前，总监理工程师应组织专业监理工程师审查承包单位报送的施工组织设计（方案）报审表，提出意见，并经总监理工程师审核，签认后报建设单位"。

正确执行施工质量计划的审批程序，是正确理解工程质量目标和要求，保证施工部署、技术工艺方案和组织管理措施合理性、先进性和经济性的重要环节，也是进行施工质量事前预控的重要方法。因此，在执行审批程序时，必须正确处理施工企业内部审批和监理工程师审批的关系，其基本原则如下：a. 充分发挥质量自控主体和监控主体的共同作用，在坚持项目质量标准和质量控制能力的前提下，正确处理承包人利益和项目利益的关系；施工企业内部的审批首先应从履行工程承包合同的角度，审查实现合同质量目标的合理性和可行性，以项目质量计划向发包方提供信任。b. 施工质量计划在审批过程中，对监理工程师审查所提出的建议、希望、要求等意见是否采纳以及采纳的程度，应由负责质量计划编制的施工单位自主决策。在满足合同和相关法规要求的情况下，确定质量计划的调整、修改和优化，并承担相应执行结果的责任。c. 经过按规定程序审查批准的施工质量计划，在实施过程如因条件变化需要对某些重要决定进行修改时，其修改内容仍应按照相应程序经过审批后执行。

三、高速公路项目质量控制的主要途径

（一）施工质量的事前预控途径

1. 施工条件的调查和分析

包括合同条件、法规条件和现场条件；做好施工条件的调查和分析，发挥其重要的质量预控作用。

2. 施工图纸会审和设计交底

理解设计意图和对施工的要求，明确质量控制的重点、要点和难点，以及消除施工图纸的差错等。因此，严格进行设计交底和图纸会审，具有重要的事前预控作用。

3. 施工组织设计文件的编制与审查

高速公路施工组织设计文件是直接指导高速公路现场施工作业技术活动和管理工作的纲领性文件。高速公路工程项目施工组织设计是以施工技术方案为核心，通盘考虑施工程序，施工质量、进度、成本和安全目标的要求。科学合理的施工组织设计对于有效地配置合格的施工生产要素，规范施工作业技术活动行为和管理行为，将起到重要的导向作用。

4. 工程测量定位和标高基准点的控制

高速公路施工单位必须按照设计文件所确定的工程测量定位及标高的引测依据，建立工程测量基准点，自行做好技术复核，并报告项目监理机构进行监督检查。

5. 施工分包单位的选择和资质的审查

对分包商资格与能力的控制是保证高速公路工程施工质量的重要方面。确定分包内容、选择分包单位及分包方式既直接关系到施工总承包方的利益和风险，更关系到高速公路质量的保证问题。因此，施工总承包企业必须有健全有效的分包选择程序。同时，按照我国现行法规的规定，在订立分包合同前，施工单位必须将所联络的分包商情况，报送项目监理机构进行资格审查。

6. 材料设备和部品采购质量控制

建筑材料、构配件、部品和设备是直接构成高速公路工程实体的物质，应从施工备料开始进行控制，包括对供货厂商的评审、询价、采购计划与方式的控制等。因此，施工承包单位必须有健全有效的采购控制程序。同时，按我国现行法规规定，主要材料设备采购前必须将采购计划报送工程监理机构审查，实施采购质量预控。

7. 施工机械设备及工器具的配置与性能控制

高速公路施工机械设备、设施、工器具等施工生产手段的配置及其性能，对高速公路施工质量、安全、进度和施工成本有重要的影响，应在施工组织设计过程根据施工方案的要求来确定，施工组织设计批准之后应对其落实的状态进行检查控制，以保证技术预案的质量能力。

（二）施工质量的事中控制途径

1. 施工技术复核

高速公路施工技术复核是施工过程中保证各项技术基准正确性的重要措施，凡属轴线、标高、配方、样板、加工图等用作施工依据的技术工作，都要进行严格复核。

2. 施工计量管理

高速公路施工过程计量工作包括投料计量、检测计量等，其正确性与可靠性直接关系到工程质量的形成和客观的效果评价。因此，高速公路施工全过程必须坚持对计量人员资格、计量程序和计量器具的准确性等进行控制。

3. 见证取样送检

为了保证高速公路质量，我国规定对工程所使用的主要材料、半成品、构配件以及施工过程留置的试块、试件等应实行现场见证取样送检。见证人员由建设单位及工程监理机构中有相关专业知识的人员担任；送检的实验室应具备经国家或地方工程检验检测主管部门批准的相关资质；见证取样送检必须严格执行规定的程序进行，包括取样见证并记录，样本编号、填单、封箱，送实验室，核对、交接、实验检测、报告。

4. 技术核定和设计变更

在高速公路项目施工过程，因施工方对施工图纸的某些要求不甚明白，或图纸内部的某些矛盾，或施工配料调整与代用、改变桥梁位置或路线走向等，需要通过设计单位明确或确认的，施工方必须以技术核定单的方式向监理工程师提出，报送设计单位核准确认。

在施工期间无论是建设单位、设计单位或施工单位提出，需要进行局部设计变更的内容，都必须按照规定的程序，先将变更意图或请求报送监理工程师，经设计单位审核认可并签发《设计变更通知书》后，由监理工程师下达《变更指令》。

（三）施工质量的事后控制途径

施工质量的事后控制，主要是进行已施工完的成品保护、质量验收和不合格的处理，以保证最终验收的高速公路工程质量。

四、高速公路项目质量验收

（一）施工过程质量验收的内容

通过验收后留下完整的高速公路质量验收记录和资料，为工程项目竣工质量验收提供依据。高速公路施工过程的质量验收主要包括以下验收环节：

1. 检验批质量验收

所谓高速公路检验批是指按同一的生产条件或按规定的方式汇总起来供检验用的，由一定数量样本组成的检验体。国家相关验收标准规定，检验批应由监理工程师（建设单位项目技术负责人）组织施工单位项目专业质量（技术）负责人等进行验收。检验批合格质量应符合下列规定：主控项目和一般项目的质量经抽样检验合格，具有完整的施工操作依据、质量检查记录。

主控项目是指高速公路工程中对安全、卫生、环境保护和公众利益起决定性作用的检验项目。因此，高速公路主控项目的验收必须从严要求，不允许有不符合要求的检验结果，主控项目的检查具有否决权。除主控项目以外的检验项目称为一般项目。

2. 分项工程质量验收

高速公路分项工程应按主要工种、材料、施工工艺、设备类别等进行划分。分项工程可由一个或若干检验批组成。国家相关验收标准规定，分项工程应由监理工程师（建设单位项目技术负责人）组织施工单位项目专业质量（技术）负责人进行验收。分项工程质量验收合格应符合下列规定：分项工程所含的检验批均应符合合格质量的规定，分项工程所含的检验批的质量验收记录应完整。

3. 分部工程质量验收

高速公路分部工程的划分应按专业性质、工程部位确定；当分部工程较大或较复杂时，可按材料种类、施工特点、施工程序、专业系统及类别等分为若干子分部工程。国家相关验收标准规定，包括：

（1）分部工程应由总监理工程师（建设单位项目负责人）组织施工单位项目负责人和技术、质量负责人等进行验收。

（2）分部（子分部）工程质量验收合格应符合下列规定：a. 所含分项工程的质量均应验收合格；b. 质量控制资料应完整；c. 分部工程有关安全及功能的检验和抽样检测结果应符合有关规定。

4. 观感质量验收应符合要求

必须注意的是，由于高速公路分部工程所含的各分项工程性质不同，因此它并不是在所含分项验收基础上的简单相加，即所含分项验收合格且质量控制资料完整，只是分部工程质量验收的基本条件，还必须在此基础上对涉及安全和使用功能的分部工程进行见证取样试验或抽样检测。而且需要对其观感质量进行验收，并综合给出质量评价，观感差的检查点应通过返修处理等补救。

（二）施工过程质量验收不合格的处理

高速公路施工过程的质量验收是以检验批的施工质量为基本验收单元。检验批质量不合格可能是由于使用的材料不合格，或施工作业质量不合格，或质量控制资料不完整等原因所致，针对不合格处理方法有：

1. 在检验批验收时，对严重的缺陷应推倒重来，一般的缺陷通过翻修或更换器具、设备予以解决后重新进行验收；

2. 个别检验批发现试块强度等不满足要求等难以确定是否验收时，应请有资质的法定检测单位检测鉴定，当鉴定结果能够达到设计要求时，应通过验收；

3. 当检测鉴定达不到设计要求，但经原设计单位核算仍能满足结构安全和使用功能的检验批，可予以验收；

4. 严重质量缺陷或超过检验批范围内的缺陷，经法定检测单位检测鉴定以后，认为不能满足最低限度的安全储备和使用功能，则必须进行加固处理。虽然改变外形尺寸，但能满足安全使用要求，可按技术处理方案和协商文件进行验收，责任方应承担经济责任。

第八章 公路工程施工安全管理

第一节 公路施工安全事故致因分析与
危险源的辨识

一、公路施工安全事故致因分析

（一）公路施工安全事故的主要类型

根据有关统计资料表明，公路施工发生的安全事故具有发生部位、发生类型的规律性和重复性特征。在我国公路施工中，施工安全事故主要有以下九种事故类型：①高处坠落；②坍塌事故；③物体打击；④机械事故；⑤车辆伤害；⑥触电事故；⑦火灾爆炸；⑧烫伤事故；⑨中毒窒息。其中，高处坠落事故、施工坍塌事故、物体打击事故、机械伤害、车辆伤害、触电事故这六种事故类型在公路施工中最为常见。

（二）公路施工安全事故致因分析

随着事故致因理论的发展，人们对事故发生的本质规律的认识也在不断深入，我们可以发现人的因素、物的因素、环境因素和管理因素是引起施工安全事故发生的主要四大因素。其中人的不安全行为、物的不安全状态和环境的不安全状态是事故发生的直接原因，当人的不安全行为运动轨迹与物的不安全状态运动轨迹发生交叉时，就会发生安全事故。

管理缺陷是安全事故发生的根本原因，人、物、环境都受管理因素支配，所以预防发生安全事故应从根本上改进安全管理措施，提高安全管理水平。

1. 人的因素

人的因素主要是指导致事故发生的人的不安全行为。人的不安全行为又称为人的失误，是指人为地使公路施工系统发生故障或发生性能不良等事件，违背设计和操作规程的错误行为，也就是能造成事故的人的失误。人的心理、生理、自身技能知识和周身的环境都能造成人的不安全行为发生。按国家标准《企业职工伤亡事故分类标准》，人的不安全行为的表现形式可分为十三类，如下所示：

（1）操作失误、忽视安全和警告标志信号等；

（2）造成安全装置失效；

（3）使用不安全设备；

（4）手代替工具操作；

（5）物资存放不当；

（6）冒险进入危险场所；

（7）攀爬不安全位置；

（8）在起吊物下作业、停留；

（9）在机械运转时进行检查、维修、保养等工作；

（10）工作时注意力分散不集中；

（11）没有正确使用个人防护用品、用具；

（12）穿戴不安全装束；

（13）对易燃易爆等危险品处理失误。

2. 物的因素

在公路施工过程中，物的因素是指物的不安全状态，即指机械设备、施工物资等明显地不符合安全要求的状态，也是事故发生的直接因素之一。物的不安全状态主要有物（包括机械设备、设施、工具等）本身存在的缺陷、安全防护方面的缺陷、物的存放方法的缺陷、施工作业方法导致的物的不安全状态和安全信号、标志的缺陷等。

所有的物的不安全状态，背后都隐藏着人的不安全行为或失误，与人的不安全行为或人的操作、管理失误有不可分割的联系。物的不安全状态既反映了物的自身特性，又反映了人的素质和人的决策水平，施工企业通过对施工全体人员和施工物资采取相应的安全技术措施和安全管理措施，可以有效地控制物的不安全状态，预防与消除安全事故。

（三）环境因素

环境因素指的是施工现场周边环境的不良状态。不良的公路施工环境不仅会影响人的行为，同时也会对施工物资等产生不良的作用，导致施工安全事故的发生。众所周知，公路建设工程施工作业的显著特点是露天作业、工序繁多，交叉作业现象多，机械化和半机械化作业程度相对较低，使用的材料种类多，等等，诸多可变因素都有可能对作业环境产生影响，甚至产生重大影响，以致影响安全生产。

安全事故的发生都是由人的因素和物的因素共同作用直接导致引起的，而施工环境是安全事故发生的背景条件，客观上影响了事故隐患的发生和发展。通过使人的因素和物的因素产生时空交叉，从而影响安全事故的发生。例如，整洁、有序的施工现场发生事故的概率肯定较之杂乱的现场低，如果在施工现场存在施工材料和机械设备的乱摆放、生产及生活用电私拉乱扯等情况，这不仅给公路施工工作带来了不便，同时，也会引起从业人员的烦躁情绪，进而可能会导致从业人员的操作失误，导致施工安全事故的发生。所以环境的因素也是事故发生的直接原因，它通过对人和物的影响对事故的发生起到重要作用。

另外，在公路施工中，如果遇到不利于公路施工的天气环境或地质环境，也容易引起安全事故的发生。同时，人文环境也是一个不容忽视的因素，如果施工企业形成一个良好的安全氛围，甚至形成了企业的安全文化，那么在这样的环境下进行公路施工作业，安全事故发生的概率将大大降低。

（四）管理因素

人的不安全行为和物的不安全状态，往往只是安全事故发生的表面原因，深入分析可以发现，安全事故的根源在于施工企业安全管理的缺陷，因此采取通过适当的安全管理措施可以把人的因素、物的因素和环境因素对安全事故发生影响程度减少到最低。

导致安全事故的管理因素主要包括：企业领导层对施工安全不重视、安全意识薄弱，安全管理机构不完善、职责不明确，安全管理制度不健全，施工组织、安全操作规程、安全技术措施不健全或不合理，安全投入和教育培训力度不足，安全隐患排查整改不彻底等。

需要说明的是，在公路施工过程中，从业人员过失、施工机械失控、环境突变、安全管理不到位等方面因素并不是孤立存在的，它们之间存在一定的相互影响和交互作用，共同构成了公路施工安全事故的环境条件。

二、公路施工危险源的辨识

（一）危险源的构成要素与分类

根据事故致因分析，归纳总结危险源的构成要素、辨识程序、辨识方法等，为进一步实施危险源的管理控制提供技术支持。

1. 危险源的构成要素

根据危险源的定义，危险源是导致一切安全事故的起因，应具有三个基本要素：①潜在危险性；②存在条件；③触发因素（包括人为因素、自然因素和管理因素）。

2. 危险源的理论分类

理性危险源：设备、设施缺陷，防护缺陷，电危害，噪声危害，振动危害，电磁辐射，运动物危害，明火，能造成灼伤的高温物质。

化学性危险源：易燃易爆性物质，自燃性物质，有毒物质，腐蚀性物质，其他化学性危险、危害因素。

心生理性危险源：负荷超限，健康状况异常，从事禁忌作业，心理异常，辨识功能缺陷，其他心理、生理性危险因素。

生物性危险源：致病微生物，传染病媒介物，致害动物，致害植物，其他生理性危险、危害因素。

行为性危险源：指挥错误，操作失误，监护失误，其他错误，其他行为性危险和有害因素。

另外，《企业职工伤亡事故分类》按照导致事故发生的原因和伤害方式对危险源进行了分类，把上述所述的 20 种事故类型定为 20 类危险源。

实际上，在公路施工过程中，鉴于危险源种类繁多，且在导致事故发生和事故危害程度所起的作用很不相同，难以对其全部概括罗列，所以依据能量意外释放理论，根据危险源在事故发生、发展中的作用，把危险源分为第一类危险源和第二类危险源两大类。

在事故的发生过程中两类危险源相互依存、相辅相成，共同作用导致安全事故的发生。第一类危险源是指为可能发生意外释放的能量或危险物质。它是事故发生的前提，决定了发生事故后果的严重程度，在公路施工安全系统中，是不可避免无法完全消除的存在。

第二类危险源是指导致能量或危险物质约束或限制措施破坏或失效的各种因素。它决定了事故发生的可能性大小，主要包括物的故障、人的失误和环境因素等三种类型。

（二）危险源的辨识

危险源辨识是危险源控制的基础，是危险源控制的关键措施之一，为危险源控制提供保障。危险源辨识的内容主要包括：工作环境，平面布局，运输线路，施工工序，施工机具、设备，有害作业部位，各种设施等。

1. 危险源辨识的程序

（1）分析系统的确定

危险源的辨识需要在特定的系统内进行，所以在进行危险源调查之前，首先确定所要分析的系统，然后全面辨识整个系统内所有的活动，把总系统逐级分解为子系统，以利于危险源的辨识。

（2）危险源的调查

在系统分析和分解完成后，针对系统进行危险源调查，即对公路施工系统中的机械设备及施工材料情况、作业环境情况、施工操作情况、安全管理防护情况等进行统计调查，实施危险源的初始辨识，明确系统中危险源主要有哪些类别，重大危险源是哪一些。

（3）危险区域的界定

危险源一旦引发事故，它会有一个影响的范围，以危险源点为核心加上防护范围即为危险源区域。企业可以通过以下三种方法界定危险源区域：①按危险源是固定还是移动；②危险源是点源还是线源；③按危险作业场界定。

（4）存在条件的分析

由于存在条件不同，一定数量的危险物质或一定强度的能量被触发转换为事故的可能性大小不同，所引发事故的危险程度也不同。因此，存在条件及触发因素的分析是危险源辨识的重要环节。

危险源存在条件分析主要是针对第一类危险源，由于第一类危险源是固有存在的，在一定的触发条件下，这类危险源可能导致安全事故的发生。

（5）触发因素的分析

危险源只有在一定的触发条件下，安全事故才会发生。在公路施工系统中，触发因素可分为人为因素和自然因素。人为因素包括个人因素和管理因素，而自然因素是指引起危险源转化的各种自然条件。

触发因素主要来自于第二类危险源，管理失误导致的人的失误是最大的触发因素。对危险源的触发因素加以研究分析，降低人为失误，减少触发因素，就可以减少系统危险性，有效提高安全管理水平，从而最大限度地减少安全事故的发生。

（6）潜在危险分析

危险源转化为事故后释放出相应的能量和危险物质，因此危险源的潜在危险性可用能量的强度和危险物质的量来衡量。危险源的能量强度越大，危害物质的危害性越强，表明危险源潜在危险性越大，因此危险源的危险性可以用危险源的物质量来描述。

（7）危险等级划分

危险源的等级划分实质上就是对危险源的评价。危险源的等级划分一般按危险源在触发因素作用下转化为事故的可能性大小与发生事故的后果的严重程度划分，即根据危险源的潜在危险性大小、控制难易程度、事故可能造成损失情况进行等级评价划分。

2. 危险源的辨识方法

（1）直观经验法

直观经验法适用于以往经验可以借鉴的危险源辨识过程，不适用没有可供参考先例的新系统。直观经验法作为危险源辨识中常用的方法，其优点是简便、易行，缺点是受辨识人员知识、经验和占有资料的限制，可能出现遗漏。直观经验法主要有对照分析法、经验法和类比推断法等。

对照分析法和经验法就是对照有关标准、法规、检查表或依靠专业分析人员的观察分析能力，借助于经验和判断能力直观地评价对象危险性的方法。

在施工项目的危险源辨识中，则常用类比推断兼顾专家评议的方法。通过利用相同或类似工程项目、作业条件的经验和事故类型的统计资料来类推、分析评价对象的危害因素。对于施工作业，它们在事故类别、伤害方式、事故概率等方面极其相似，作业环境中所得到的监测数据也具有很好的相似性，并由于遵守相同的规律，因此，其危险源和导致的后果也可以类推，具有较高的置信度。

（2）系统安全分析方法

系统安全分析方法是指应用系统安全工程评价方法的部分方法进行危险源辨识。系统安全分析方法常用于复杂系统、没有事故经验的新开发系统，可以广泛适用于不同领域、阶段和场合。目前，对于施工项目较为适用的系统安全分析方法有安全检查表、危险性预先分析、事故树分析（FTA）、事件数分析（ETA）和因果分析等。在公路施工项目危险源辨识过程中，可以选用多种方法一起使用。

第二节　山区公路施工安全管理

公路交通是我国最重要的基础设施之一，在国民经济发展中发挥着举足轻重的作用。山区公路施工是一项复杂的系统工程，影响施工安全的风险因素涉及施工组织、安全措施、水文地质、自然环境等各方面，这些危险因素具有高度不确定性，而且相互之间关系复杂。山区公路施工事故频繁发生，经济财产损失巨大，社会舆论影响恶劣。如何对山区公路施工安全风险进行科学分析和安全管理，有效预防和控制山区公路施工安全风险和安全事故，减少事故损失和人员伤亡，提高山区公路施工的经济效益和社会效益，是一个亟待解决的问题，这也要求从新角度对安全管理体系开展研究。

一、山区公路施工危险源辨识

山区公路安全事故的发生都是由于存在事故要素，并不断孕育发展的结果，而这些事故要素就是施工中的危险源。所以，对山区公路施工危险源进行辨识是建立施工现场安全生产保证计划的一项主要工作内容。国外对重大危险源危险性评估的研究起步较早。自从20世纪60年代以来，美国空军倡导的系统安全思想得到人们的普遍认可，并由此形成了独立的系统安全工程学科，此后，系统安全工程得到飞速的发展，重大危险源危险性评估也随着系统安全工程的发展而崛起。20 世纪六七十年代，我国开始吸收并研究事故致因理论、事故预防理论和现代安全生产管理思想。20 世纪 80 年代开始对重大危险源评价和控制技术进行攻关。伴随着国家出台的一系列法律、法规、规范性文件，对危险源的监控与管理措施逐步加大，但同时由于我国相关研究底子薄且起步晚，尤其是针对山区公路危险源辨识和风险评价的研究还很少。因此本书对山区公路危险源辨识与风险评价的研究具有重要的现实意义。

（一）山区公路施工危险源的基本特征

通过对山区公路施工现场的实地调查，结合以往研究文献，发现诱发安全事故的危险源主要具有如下特征：

1. 隐蔽性

危险源潜伏于工程施工的各个环节中，并不明确暴露，即便有些危险源已经暴露，但并未进一步转化为现实的危害，从而未引起足够的重视，因此山区公路施工过程中的危险源具有较强的隐蔽性。

2. 突发性

山区公路施工危险源从隐患到触发的过程突发性强、可预警时间短，而且同一系统中的危险源间还可能产生因果连锁反应，使一般危险源触发成重大危险源，导致突然爆发不可控制的重大事故。

3. 高度不确定性

山区公路施工涉及面广，管理系统复杂，涉及危险源隐蔽性强，形式复杂多变，因此，难以对施工过程中各种危险源的发展变化规律进行常规性判断和预测，且危险源的发展及可能的影响范围也难以量化，不易推行指导，使危险源隐患事故的发生具有很大的不确定性。

4. 连带性

山区公路施工中，一个系统内的不同危险源之间并不是孤立的，往往是多个危险源并存，如果某个危险源引发安全事故，由于其突发性，加之难以立即建立应急指挥系统和协调机制，一旦在应急处置过程产生不当行为，则可能成为其他危险源的诱发因素，使得危险源之间发生连锁反应。

5. 致灾性

山区公路工程项目一旦发生事故，与普通事故相比，其伤亡人数更多，经济损失也更为严重，而且往往会带来较为恶劣的社会负面影响，所以，山区公路施工中危险源引发的安全事故通常具有灾难性特征。

（二）危险源致灾机理

事故发生也有其自身的发展规律和特点，只有掌握了事故发生的规律，才能更深刻地理解危险源致灾机理，才能保证安全管理系统处于有效状态。危险源致灾机理包括事故频发倾向理论、因果连锁理论、能量意外释放理论、轨迹交叉理论和系统安全理论。

研究表明事故频发倾向理论与现实情况出入较大，所以，在当代事故致因理论中，该理论已被基本排除在讨论范围之外。因果连锁理论由美国的海因里希首先提出，涉及遗传及社会环境、人的缺点、人的危险行为或物的危险状态、事故和伤害五项因素。该理论认为防止和消除人的危险行为和物的危险状态，是安全工作的重心所在。能量意外释放理论由吉布森最先提出，他认为采用各种方法和措施来防止或屏蔽能量的意外转移，是防止事故发生的有效手段。轨迹交叉理论是由日本劳动省提出的，该理论认为预防事故发生的根本原则就是从时间和空间上避免人、物发展运动轨迹的交叉。系统安全理论包含许多与传统安全理论不同的创新概念：事故致因理论方面，更重视物的故障在事故致因中的作用，通过改善物的系统可靠性来提高复杂系统的安全性；强化危险性观念，明确没有任何一种事物是绝对安全的，通常意义上的安全或危险只是一种相对的主观表述；危险源的危险性可以被降低，但不可能根除一切危险源，危险控制的有效方式是减少总的危险性，而不是仅消除特定的危险；危险源会随着技术、工艺的发展和新材料、新能源的出现与应用而不断产生，安全工作应致力于控制危险源，最大限度地降低事故发生概率。

山区公路施工一般具有如下特点：山区公路所经区域地势陡峭，岩石风化严重，加之地表土层浅导致山体不稳定因素增多；山沟之间形成河流，受气候环境影响因素大，使得公路桥梁总体长度比例较之普通公路大幅增加；隧道工程多，边坡开挖面积大，边坡高陡，高填深挖工程量大；施工作业面狭小，交通运输不便，作业点分散且相互间制约干扰严重；高空作业多，多层面立体交叉作业频繁，施工组织复杂。无论从时间角度——施工准备到施工进行的全过程中，还是空间角度——施工作业区和辅助施工区，疏忽大意、不遵守操作规程等人的不安全因素和滑坡、机械失稳等物的不安全因素都密集存在。山区公路施工中要避免发生事故，就要从时间和空间上防止人和物的危险状态在发展过程中产生交集。按照轨迹交叉理论，在山区公路施工过程中，应该从以下几方面强化安全管理：限制人的不安全行为；消除物质的不安全状态；在限制人的不安全行为的同时消除物质的不安全状态；将人的不安全行为和物的不安全状态隔离。

（三）危险源辨识原则

1. 共性原则

山区公路施工涉及工程项目多，施工过程中产生的问题复杂多样、各不相同，但具有相似的施工程序、技术与工艺，针对施工共性中的危险因素进行危险源辨识，确定基本的共性危险源。

2. 特性原则

在危险源辨识过程中应针对具体的工程项目，充分考虑其特有性质，对工程项目进行具体分析，辨识出其共性之外的自身特性，对基本危险源清单进行特性补充，增强危险源清单的针对性与完善性。

3. 科学性原则

危险源辨识是在科学的安全理论基础上进行的，对安全事故的预测与后果估计具有重要的指导意义，只有正确认识安全事故可能发生的途径及其演变规律，才能正确把握施工项目的安全状况。

4. 系统性原则

山区公路施工中涉及危险源众多，不同危险源之间又具有连带性，危险源辨识要以系统性原则为出发点，掌握危险源之间的主次关系及相互联系，便于对危险源诱发事故的连带性进行控制。

（四）危险源辨识方法

1. 直接经验法

直接经验法分为对照经验法和类比法两种。前者指借助经验，在人员观察分析的基础上，直观地对分析对象的危险性和危害性进行评价。该方法简单易操作，在危险源辨识中最为常用，但受辨识人员知识、经验和评价资料的限制，需要通过专家会议的方式来集思广益。类比法是根据两个（或两类）对象之间的某些相似，或相同性质而推导出它们的另一些特性也可能相似或相同的逻辑方法。

2. 事故统计分析方法

事故统计分析法基于大量事故案例基础开展分析，对事故的发生、发展规律进行总结，并针对共性危险源和特性危险源提出普适性和特别性的预防措施，相应地可以分为统计分析法和个别案例分析法。

3. 系统安全分析方法

山区公路施工涉及人、物、环境、社会等多种因素，适于运用系统安全分析方法，对危害因素进行系统性分析和评价，可采用危险性预先分析、安全检查表、事故树分析和因果分析等具体方法。

（五）山区公路施工中常见危险源

通过对山区公路施工项目相关资料的查阅和施工现场的调查研究发现，施工过程中导致安全事故的重大危险源包括以下五种：

1. 长大隧道施工

隧道施工隐蔽工程多，工程设计与实际施工差异性大，施工作业面少，工序环节紧凑，施工连续作业性强，随着工程延伸存在暗河、溶洞和瓦斯等潜在危险因素，施工作业专业技术要求高。

2. 大跨度桥梁施工

山区公路受地形限制，设计路线往往与河流交叉，需要架设高墩大跨桥梁，桥梁跨越沟壑，墩台形式多样，高空支架作业多，桥梁各部分构件关系复杂，所处环境地形复杂且地势陡峭。

3. 高陡边坡施工

高边坡施工会破坏山体的原有力学平衡，需要人为引入支撑加固工程重新建立力学平衡。在开挖过程中，边坡岩体或土方会产生应力松弛，结构强度减弱，易形成边坡失稳，从而导致垮塌或滑坡事故发生；同时高边坡施工工作面小，工作环境复杂，施工难度也很大。

4. 特种设备事故

山区公路施工需要使用起重机械、工程机动车辆等多种特种设备，在自身和外在因素的影响下，特种设备易发生安全事故，如设备本身存在质量或制造安装缺陷、工作人员违规操作、安全附件失效或安全装置损坏等。

5. 火工品管理使用

山区公路施工高边坡开挖和隧道工程需要使用炸药、雷管等火工品，在火工品的运输、储存和使用环节，容易发生违规指挥和违规操作，如果再存在管理缺陷和物料安全性和设备本质安全度不达标，则极易引发爆炸、火灾事故。

山区公路施工中的安全事故主要由上述危险源诱发，具体的事故表现形式为：物体打击类伤害，指物体在重力或其他外力作用下对人体撞击造成伤害，例如，隧道施工现场不戴安全帽、开放式建筑工程未使用安全网等容易引发此类伤害；高处坠落类伤害，此类事故发生频率高、易发事故部位多、事故危害性大，例如，高墩攀登作业防护设施不齐全、高边坡违规作业等容易引发此类伤害；机械伤害类，主要指施工现场使用的机械设备在作业过程中对作业者造成伤害，例如，在恶劣环境中使用特种机械设备，防护装置不齐全、操作规程不完善、维护保养不及时都容易引发此类伤害；坍塌滑坡伤害，指构筑物在建设过程中坍塌或土石方大规模垮塌造成的伤害，例如，土方工程边坡设计不合理，模板设计浇筑不合格，盲目冒进施工都容易引发此类伤害；火灾爆炸类伤害，指易燃易爆物质在运输、存放或使用时突然燃烧或爆炸，造成人员伤害和财产损失，例如，火工品安全防护设施不到位，存放条件不合格，工程爆破措施不当都容易引发此类伤害。

在山区公路施工中一定要密切关注上述五类重大危险源，在后续的山区公路施工安全评价中，也将为其建立专门的评价指标，以求抓住安全事故隐患突出环节，采取有力措施加强控制，杜绝安全事故的发生。

二、山区公路施工安全管理体系

安全生产是一项复杂的系统工程，是生产力发展水平和社会公共管理水平的综合反映。我国安全生产方针为"安全第一，预防为主，综合治理"。安全第一是在生产过程中把安全放在首要位置，保护劳动者的安全和健康；预防为主要求把安全生产工作的关口前移，超前防范，建立立体化事故隐患预防体系，改善安全状况，预防安全事故；综合治理则指应对安全管理的长期性、艰巨性和复杂性特点，服从安全管理规律，抓住安全管理工作中主要矛盾和关键环节，综合运用多种手段，发挥社会舆论的监督作用，有效解决安全生产领域的问题。

安全管理工作的改进过程中，安全管理政策的改进与完善是必要前提。任何一个单位要想成功地进行安全管理，都必须有明确的安全管理政策，反映到公路建设安全管理中，相关安全管理政策研究的作用主要体现在以下几方面：

1. 公路建设安全管理政策研究使公路安全事故的分析更全面客观，让公路交通部门更多地参与事故分析研究和整治，以形成更加合理有效的整治措施。

2. 公路建设安全管理政策研究既是一个技术问题，也是一个社会问题，从管理与监督、激励与约束、投入与保障、文化与教育四个宏观方面入手进行研究，为制定有效的防范措施和管理决策提供科学依据。

3. 通过实施施工阶段的安全管理政策研究，使各方更关注施工阶段的安全管理，促进安全方面的技术、标准规范的进步。

4. 施工阶段通过进行安全评价，预先找出不安全因素，进行安全管理，可有效地提高公路建设的安全水平，减少事故率，降低事故严重度。

结合我国公路施工安全管理现状，充分考虑山区公路复杂的工程地质及施工技术特征，立足于建设期项目管理层面对山区公路施工安全管理政策体系进行研究，从安全管理与监督机制、安全激励与约束机制、安全投入与资源保障机制、安全文化建设与教育机制四方面展开分析，从管理监督、投入保障、教育激励等方面系统总结，提出适应我国国情的山区公路施工安全管理政策体系。

（一）山区公路施工安全管理与监督机制

1. 安全管理组织机构职能与领导职责

（1）建设单位安全管理机构设置及机构职责

机构职责：贯彻执行"安全第一，预防为主，综合治理"的方针政策及相关规定；分析山区公路施工项目安全生产形势，预防各类不安全事故的发生；负责监督各合同单位各项安全工作落实情况；定期和不定期进行安全检查，组织监督各合同单位的安全学习与培训，对存在的安全隐患发出整改指令；等等。

（2）监理单位安全管理机构及机构职责

监理单位成立山区公路施工安全生产管理机构，机构成立后经法人单位批准，而后上报建设单位备案。

机构职责：督促施工单位建立、健全山区公路施工现场安全生产保证体系；审查施工承包单位资质及人员资格；审查施工单位编制的安全专项施工方案和应急救援预案；对高边坡、隧道等关键工序（重大危险源）实施安全旁站监理；参加施工现场的安全检查，对各施工单位存在的安全隐患发出整改指令；协助施工现场事故的调查处理；等等。

（3）施工单位山区公路施工安全管理机构及机构职责

山区公路施工各标段项目部必须成立以项目经理为首的安全生产管理机构，该机构必须首先经施工单位的法人单位主管安全的领导批准，然后报总监办安全管理机构审批，最后再报建设单位备案。

机构职责：贯彻执行国家安全管理相关方针政策和相关规定；负责建立和健全山区公路施工安全管理组织机构，确定部门和人员的安全职责；制订符合实际的施工组织设计和安全生产预案，并上报监理审核；负责对作业人员，尤其是特种作业人员的安全培训和考核；组织进行安全技术交底；参与安全事故的调查，提出预防事故重复发生的措施；负责安全生产事故抢险、救灾工作；每日进行安全生产巡回检查，并组织各种形式的安全检查活动，负责完成建设单位或监理单位发出的安全隐患整改指令；等等。

2. 安全人员配备、责任制与监督检查

（1）山区公路施工安全人员配备规定与要求

在山区公路施工中，安全人员具有不可替代的作用。山区公路施工安全人员应具有独

特的知识能力结构，专业的工作运行机制，更为深入的工作深度与广度。山区公路施工安全人员必须熟知公路建设安全管理知识，具备山区公路施工工作经验，了解山区公路施工技术手段，具备独立、协调开展安全管理的素质与能力，能发现安全隐患，会处理隐患，以更好地推动山区公路施工安全顺利开展。

监理单位安全人员配备要求，专职安全监理工程师通过交通运输部或相关主管部门举办的教育培训考核，并取得安全监理资质持证上岗，同时必须经建设单位考核，确定具备山区公路施工相关监理经验与能力后方能正式上岗。

专职安全员必须通过交通运输部或相关主管部门举办的教育培训考核，具备山区公路施工相关知识，取得安全资质后持证上岗。各单位安全生产管理人员的任职资格须报建设单位确认，通过山区公路施工安全管理素质考核后方能正式上岗。

（2）山区公路施工安全生产责任制

安全生产责任制是将各职能部门及其工作人员和各岗位生产人员在安全生产方面应负的责任加以明确规定的一种制度，是生产经营单位各项安全生产规章制度的核心。山区公路施工要制定与完善安全管理责任制度，落实施工中的技术和安全等问题的相关责任，由现场技术人员及安全管理人员进行监管，保障山区公路施工质量及施工安全。在山区公路施工中，为了真正落实好安全生产责任制，明确界定各级部门和人员在安全工作中的责、权、利，必须以管理人员的岗位职责为依据，逐层制定《安全生产责任书》。

安全生产责任人：各标段的主要负责人（项目经理、总监）是山区公路施工安全管理的第一责任人，对安全管理负全面责任；分管安全管理的负责人是直接责任人，对安全管理负有直接领导责任；其他负责人对各自分管业务范围内的安全管理负领导责任。安全管理责任人必须按规定参加交通运输部或相关主管部门举办的教育培训考核，具备山区公路施工相关知识，取得安全资质后持证上岗。

安全生产责任书：山区公路施工各标段单位必须以安全生产责任书的形式落实安全生产责任制，责任书要层层签订，责权明确，层次分明，并明确详细的奖惩措施。施工单位内部的安全生产责任书必须落实到施工班组，监理单位必须明确到部门和监理组。各单位必须建立岗位安全责任制，明确各个岗位的安全责任，并严格按照制度执行。

（3）山区公路施工安全监督与检查

山区公路施工受地形条件限制，施工现场狭窄，材料转运困难，自然环境条件变化易引发地质灾害。因此山区公路施工现场动态复杂，不论建设单位、监理、施工单位对安全多重视，在施工过程中依然会存在安全隐患，所以安全监督与检查是必不可少的一个环节。山区公路的安全监督与检查要明确安全监督职责，建立健全定期安全检查制度，明确重点检查对象，及时处理安全问题，落实隐患排查整改，记录检查处理情况。

检查形式：建设单位安全生产检查包括定期安全大检查、根据有关要求和工作需要或重大节假日前组织的安全检查、专项检查、日常安全检查、安全事故隐患排查和其他形式的安全检查等。

检查内容：公路沿线山体情况的检查与掌握；对各工序安全生产技术交底和特种机械设备培训检查；检查各级主要负责人对相关安全生产法律、法规、规范、标准和安全管理职责的掌握情况；检查各项安全制度是否建立健全，安全生产责任制是否落实到班组；检查隐患和违章；检查施工组织设计是否编制安全技术措施，是否履行评审或审批手续；检查相关教育培训；检查各项制度的落实情况；检查事故处理情况。

检查要求：检查要求内容明确、形式简单、注重实效，检查时应留下检查记录，并及时将发现的问题书面反馈给受检单位。受检单位整改完成后必须将整改情况以书面形式上报。对于因特殊情况造成客观上不能按时完成整改的应向检查单位如实反映情况并制定相应安全措施和整改计划。专项检查应下发检查通知和检查结果通报。

隐患排查治理：各单位要加强风险辨识和评估，确定本单位的危险源、可能发生的事故类型和后果，并按规定定期组织重大危险源普查和辨识，建立重大危险源档案，抄报建设单位。各标段单位对检查中发现的事故隐患和问题，要做到责任、措施、资金、时间、预案"五落实"。

3. 安全会议、事故报告与资料管理

(1) 山区公路施工安全管理会议管理

召开安全管理会议，是做好安全管理工作的一种措施和办法，根据山区公路施工不同施工阶段的特点以及工程建设项目任务和要求，设置多种安全管理会议，细化相关会议内容，明确会议制度与要求。

山区公路施工安全管理会议可分为：建设单位原则上每年定期（半年）召开一次全线安全管理会议，每年定期（每季度）召开建设单位安全管理例会，每月至少召开一次总监办安全管理例会和项目部安全管理例会，其他安全会议视情况而定。

山区公路施工安全管理会议的请假制度为：合标段单位第一负责人因故不能参加会议，须向建设单位安全生产领导小组组长请假；标段单位直接责任人和安全主任因故不能参加安全生产例会，须向建设单位安全生产直接责任人请假。

山区公路施工安全管理会议要求为：安全管理会议密切联系山区公路施工特点，内容简洁且重点突出，针对具体问题以提高效率并取得实效。重要安全管理会议如全线安全管理会议和各级安全管理例会应有会议纪要，存档中还应包括会议照片和会议签到表。

(2) 山区公路施工安全事故报告管理

安全事故的报告和调查处理，是安全管理工作的重要环节，国家和各级部门先后制定了一系列有关安全事故报告和调查处理的法规和标准，对安全事故的报告和调查处理做出了全面明确的法律规定，使地方政府、安全生产监督管理部门和其他相关部门的事故报告和调查处理工作能够有法可依。

（二）山区公路施工安全激励与约束机制

1. 山区公路施工安全考核

依据现场签订的山区公路施工《安全生产责任书》，安全管理小组定期对各标段单位和各相关人员进行考评，重点考查安全目标的完成情况和管理人员岗位责任的执行情况，考评成绩可与物质奖励挂钩。

（1）山区公路施工安全考核对象与时间：考核可采取自评和组织考核相结合的方法，对各单位安全生产责任人及相关人员履行安全生产责任制情况的考核和奖惩。安全考核通过安全检查评分进行考核，分日常考核和年终考核。

（2）山区公路施工安全考核内容

①监理单位的考核标准：对各标段单位安全生产第一责任人、安全生产直接责任人考核为以年度考核为主，同时辅以定期问卷调查、定时安全述职、安全检查当面问询和重大过失日常记录；对各单位安全管理人员（安全主任及专职安全员）以建设单位安全生产小组办公室出卷和平时工作检查结果综合评定（各占50%），重点考核其安全素质、安全意识、安全工作主动性和职责履行情况。监理单位考核评分由两部分组成，建设单位对其安全工作检查评分和监理单位所监管施工单位的合计总分各占一定比例。

凡出现以下情况一律被评为不达标：建设单位对其安全工作检查评分不达标，上级各有关部门对其安全工作检查后被点名通报批评，上级部门下发《安全隐患整改通知书》中涉及该单位或其所监管标段，监理单位或其所监管的施工标段发生安全事故，当次考核时间段内有超过1次（含1次）安全罚款记录（各建设单位可自行规定），等等。

②施工单位的评分标准：建设单位采用问卷测试、现场检查观摩和查看记录等方式，对施工单位进行日常安全生产考核，重点考核其作业规程掌握情况、安全生产应知应会掌握情况、按章操作和标准化操作、危险辨识控制能力、应急处理能力、班组安全活动、持证上岗等内容。检查评分结果直接由检查小组根据评分表计算得出，其中检查小组若有监理参加，则监理评分的平均值与建设单位评分的平均值各占一定比例。年度考核以日常考核的平均成绩为依据。

凡出现以下情况一律被评为不达标：建设单位对其安全工作检查不达标；上级各级部门或政府有关部门对其安全工作检查后被点名通报批评；上级部门下发《安全隐患整改通

知书》中涉及该合同段；该合同段发生了安全事故；当次考核时间段内有1次（如果是年度考核则为2次）安全罚款记录（各建设单位自行规定），等等。

（3）山区公路施工安全考核结果及处理措施

①根据《安全生产检查评分表》，由检查人员综合评定各标段的分数，最后将各标段的评分汇总。建议考核起评分100分，考评90分以上（含90分）者为优秀；90~80（含80分）为良好；80~70（含70分）为达标；70分以下为不达标。考核90分及以上的被考核人为优秀；90~80分为良好；80~70分为达标；70分以下为不称职；每次评分排名情况将在全线内通报，并视情况抄送上级有关部门或各参建单位的上级和主管部门。

②考核不达标的单位、不称职的安全生产责任人和责任区内存在重大事故隐患的被考核单位和被考核人，应于规定时间内制定整改措施报送建设单位安全办；对不称职的被考核人和单位进行经济处罚并不得参加当年度评优；被考核单位和被考核人弄虚作假的，由建设单位安全办提出建议，报领导小组同意，对该单位进行考核经济处罚，并不得参加当年评优，同时必须对相关人员进行调离岗位的处罚。

2. 山区公路施工安全考核奖惩办法

（1）山区公路施工安全考核奖惩机制建立原则：山区公路建设单位安全办是安全奖惩工作的主管部门，负责制定安全奖惩规定，起草奖惩文件，签发一般的罚款通知，检查指导各单位安全奖惩及审核备案工作；建设单位指定相关部门负责安全奖罚资金的发放和收缴工作；建设及监理单位相关人员可以按照有关规定随时填发安全罚款通知书。

（2）奖励经费来源：各级单位给予建设单位的安全奖励经费；对各单位在安全方面的罚款转作奖励费用；劳动竞赛中的部分安全费用；建设单位的安全经费预算。

（3）奖惩办法的具体规定

①日常检查奖惩办法：为了加强日常安全生产工作，山区公路建设单位将掌控的部分安全生产保障费用于奖励施工期间建设单位及上级主管部门组织的各项安全生产检查评比活动中的优胜者，同时对检查评比活动中不合格者给予处罚。检查组由建设单位有关领导任组长，成员由建设单位相关部门及总监办的有关人员组成。

②年底安全考核奖惩办法：年底的安全考核是对当年山区公路施工安全总体工作的综合考核评价，为了加强平时的安全工作，年度考核纳入日常考核的内容，年底考核得分中日常检查考核的平均成绩和年底检查成绩各占一定比例。

（4）考核评比成绩发布：最终考核成绩将以文件通报的形式发出，考核成绩差的将在全线通报批评，必要时要求抄送各自上级单位。

三、山区公路施工安全文化建设与教育

（一）山区公路施工安全文化建设

1. 安全文化在山区公路施工中的意义与作用

安全文化建设是山区公路施工的重要组成部分，体现着精神层面的安全管理，是安全管理未来的重点发展方向。安全文化以"人"为本，以文化为载体，通过文化的渗透规范人的行为并提高人的安全价值观。山区公路施工的安全文化可以分为两个层次，第一个层次是基础安全文化，即每个人在一般生活及工作环境中应具备的安全文化，如一般用电安全、交通安全等；第二个层次是专业安全文化，即从事专业性活动的人应具备的如特种设备、技术手段和特殊作业等安全文化。山区公路施工中的安全文化建设要通过宣传、教育、奖惩等手段，激发和推动人的道德、观念、情感在安全工作中产生正能量，从两个层面同时提高职工的安全意识与安全素养，以提高山区公路施工的安全水平。

安全文化建设在山区公路施工中具有重要的导向功能、凝聚功能、激励功能、约束功能和协调功能。安全文化建设可引导山区公路施工向着时代潮流方向科学发展；能使职工形成统一的安全意识、安全信念和安全行为准则；能彰显人文尊重与关心，体现职工的主人翁作用，提高劳动积极性和创造性；能推动安全投入和改善安全设施，形成精神上的群体规范和行为准则，增强职工的自我安全约束能力和安全自控意识；能形成共同的安全价值观和一致的安全认识，夯实管理者与被管理者间的沟通交流基础，减少矛盾和摩擦。

2. 山区公路安全文化建设内容

声势浩大的全民抓安全活动可有效减少事故发生。要搞好施工现场的安全管理工作离不开平时安全生产氛围的建设工作。因此要通过安全培训、安康杯等形式对全体人员进行安全教育，同时结合违章曝光栏及警示牌等的警示作用，传播安全会议的思想精神，使现场的作业人员逐步实现从"要我安全"和"我要安全"的思想转变。

（二）山区公路施工安全教育培训

1. 山区公路施工安全教育的含义、要求与形式

山区公路施工安全教育，是为了贯彻执行国家的安全生产方针，避免或减少伤亡事故，顺利完成施工任务而对施工单位职工进行安全知识的宣传、指导和培训以使职工掌握安全知识、具备操作技能和形成良好安全态度的行为。

各施工单位应充分保障安全教育培训所需人员、资金和设施，建立从业人员的安全教育培训档案，建立健全其安全教育培训制度。各施工单位要对所有进场人员进行安全教育

学习和再教育学习活动，严格按照国家相关的法律法规、文件和行业标准要求执行。

各施工单位要重视安全生产宣传工作，通过单位专栏、橱窗、局域网等多种渠道，营造浓厚的安全氛围，加强安全文化建设，提高员工的安全意识。

2. 山区公路施工安全教育的主要内容

山区公路施工安全教育内容主要集中在：安全施工规范、安全施工和防护技术知识、岗位安全操作知识、日常生活安全常识等。

各施工单位主要负责人安全资格培训和安全施工培训主要内容为：行业相关规章制度和规范标准；安全施工管理与安全技术知识；事故防范、应急救援及事故调查处理方法；典型事故案例分析等。

安全管理人员安全资格培训和安全施工培训的主要内容为：行业相关规章制度和规范标准；安全施工管理和安全卫生文化知识，相关安全施工技术；工伤保险的法律、法规、政策；事故应急处理方法和现场勘验技术；重大危险源管理与应急救援预案编制。

3. 山区公路施工安全教育效果评价

各施工单位必须进行安全教育效果评价，组织有针对性的安全生产考核或开展安全知识竞赛等活动。安全生产考核可分为书面考核、现场提问考核和实际操作考核等。

书面考核是对每个参加安全生产教育和培训的人按不同阶段、不同作业对象进行书面考试，考试可视情况采用闭卷或开卷；现场提问考核是由驻地监理组、总监办或建设单位安全技术人员随机对现场从事操作的人员进行提问考核。检查其是否参加了安全教育和培训，从而判定安全教育的效果；实际操作考核是由驻地监理组、总监办或建设单位安全技术人员有针对性地对现场从事有危险性的作业和管理人员进行考核。考核不合格的责令其重新参加安全教育。

第三节　提高公路施工安全管理水平的措施

一、公路施工从业人员的改善措施

（一）配备足够的安全管理人员和提高安全管理人员的素质

首先，公路施工企业应该提高安全管理人员的配备，特别是专职安全管理人员的配备。企业应该引入一些具有专业技术、经验丰富的人员从事安全管理工作。如果能引入具有安全专业又有相应的公路施工技术的人员作为企业的专职安全管理人员就更好。要能达到这个标准比较难，不过不妨在现有的从业人员里面选一些专业技术比较过硬的人员利用节假日去进行专业的安全培训。这样就有了专业技术人才，又有了专职的安全管理人员。

当然，为了提高他们的积极性应该提高专职安全管理人员的待遇，赋予其相应的权力，使其能够履行安全管理人员的职责。

通过对从业人员的调查分析可知，公路施工企业现有的安全管理人员的学历不高，特别是职称结构不合理，大多数的人员都集中在初级职称上。一方面，要改变低重心的学历构成，必须通过在安全管理人员中开展成人教育或者鼓励他们攻读工程硕士来实现。而另一方面要改善安全管理人员的职称结构，提高中、高级职称人员的比例，就要减少甚至不用无专业技术人员从事安全管理工作。同时，对已经从事安全管理工作的低学历、低职称的人员进行公路专业知识和安全技术知识的专业培训，从而达到提高他们的整体水平的目的。

（二）提高工人的素质，适当提高招聘的门槛

提高工人的素质首先就要加强对农民工的职业技术培训教育和安全教育培训，切实提高其安全生产意识和安全操作技能。同时也要针对不同的工种进行不同的专业技术培训。

通过鼓励工人学习比较紧缺的技术，提高技术工人在工人中的比重。另外，新工人应由老工人带新工人一段时间后再单独作业，还要经常组织工人们进行技术、学习、经验等的交流，通过"传、帮、带"等方式增长工人的从业经验，提高工人的专业技能等。适当提高招聘的门槛，在招工时适当增加招聘的条件，比如，文化程度、工作经验等。

二、公路施工的设施与设备管理改善措施

（一）加强公路施工设备的现场管理，严格贯彻执行设备维护保养制度

操作手要严格执行机械保养制度，避免过时保养，使机械保持良好的工作状态。对利用率高、易损坏、易出故障的设备应做好跟踪诊断，变事后修理为预防性修理。机械发生异常现象时应立即停机检查，并及时向上级汇报，以便能迅速组织维修人员进行现场抢修。同时，还要建立安全设备报废和更新制度，对已经不适应安全生产需要的落后设备、对已经超出使用年限不能再用的设备要及时更新，保证安全设备的新度系数。

另外，公路施工企业应在施工现场配备专人负责机械设备在施工面的使用和保养工作，使机械设备始终在完好状态下发挥最大效能。现场管理人员应负责监督检查操作手是否按操作规程操作，故障是否能得到及时的处理，设备是否得到了充分的利用，保养工作是否及时到位等一系列工作，以避免机械设备的非正常使用和不合理调派。现场管理人员

还应具有一定的管理权，即在设备现场使用和保养问题上有奖罚权，并有在设备非正常使用时令其停产接受整改的权力。

（二）提高安全设施和防护管理

企业统一规定施工现场的平面布置和有较大危险因素的场所及有关设施、设备设立安全警示标志。机械安全装置必须按规定正确使用，绝不能为了方便将其拆掉不使用。机械设备使用的刀具、工夹具以及加工的零件等一定要装卡牢固，不得松动。

（三）提高设备管理干部、操作人员和维修人员的素质

加强对设备管理干部进行现代化设备管理方法的培训，提高他们的业务水平。其次，对操作人员、维修人员定期或不定期地进行技术、业务培训，提高他们的技术理论水平。设备操作人员应做到懂结构、懂原理、懂性能、懂用途、会使用、会保养、会排除一般故障。特种设备的操作者必须通过培训考试合格，发给"操作证"后方可上岗操作。设备维修人员必须进行技术培训，掌握设备的原理，对设备进行预防性维修，减少因故障停机和损失。建立和完善各项设备运转记录，操作人员必须按要求填写，做到齐全准确。操作者与维修人员必须报告设备运转及修理情况，保证施工设备及时排除故障，安全使用。

三、公路施工作业环境改善措施

针对公路施工作业环境的特殊性提出以下建议：

（一）预防生产性粉尘和噪声的危害

首先，加强组织领导是做好防尘工作的关键。针对粉尘作业较多的施工段、施工期建立粉尘监测制度，并配备专职测尘人员，医务人员应对测尘工作提出要求，定期检查并指导，做到定时定点测尘，评价劳动条件改善情况和技术措施的效果。

其次，采用有效的技术措施，尽可能降低作业环境粉尘浓度。例如，通过湿式作业，它是一种经济易行的防止粉尘飞扬的有效措施。凡是可以湿式生产的作业均可使用，例如，湿式凿岩、冲刷巷道、净化进风等。

最后，对于噪声控制首先应从工程控制来考虑，即在设备采购上，要考虑设备的低噪声、低振动。而在爆破作业时工程控制则起不了多大作用，此时最好采用个人防护，即佩戴耳塞或者耳罩。

（二）防暑降温的主要措施

在夏季应尽量缩短高温下的作业时间，采取小换班、增加工作休息次数，延长午休时

间等方法。休息地点应设在通风阴凉处，并备有清凉饮料、风扇、洗澡设备等。最好在休息室安装空调或采取其他的防暑降温措施。

同时，也要加强个人防护，在高温下作业的从业人员应佩戴不吸热、活动方便的工作服，并要佩戴工作帽、防护眼镜、隔热靴等。

（三）针对复杂的地质条件要做好施工组织设计

首先要做好施工组织设计，合理安排施工段的先后顺序。其次要做好施工前的准备工作，即开工前要认真审阅设计文件，详细了解各段的地质情况，对重要地段要重点勘察，进一步核对设计资料，发现设计文件中有误及时上报业主，妥善处理。

（四）材料堆放和仓储要符合安全要求

施工现场材料的堆放须遵循以下要求：施工现场工具、构件、材料的堆放必须按照总平面图规定的位置放置；各种材料、构件堆放必须按品种、分规格堆放，并设置明显标牌；各种物料堆放必须整齐，砂、石等材料成方，大型工具应一头见齐，钢筋、构件、钢模板应堆放整齐用木方垫起；施工现场的垃圾也应分类型集中堆放；易燃易爆物品不能混放，除现场有集中存放处外，班组使用的零散的各种易燃易爆物品，必须按有关规定存放。

四、公路施工组织管理改善措施

（一）建立完善的公路施工安全生产责任制

1. 建立健全的公路安全生产责任制和安全生产保证体系

责任制是管理制度的核心，没有责任制再完善的管理制度也不过是一纸空文。因此，要建立完善的公路施工安全责任制。而安全生产责任制要以制度的形式明确公路施工企业各级领导、各职能部门、各类从业人员在施工生产活动中应负的安全职责。公路工程施工项目应根据其具体情况，成立以项目经理为首的安全生产委员会或领导小组。同时，根据建设工程的性质、规模和特点，配备规定数量的安全管理人员，监督检查各类人员贯彻执行安全生产管理制度并协助项目经理推动安全生产管理工作。建立安全生产保证体系，即项目部成立以项目经理为首的安全领导小组，安全管理部门负责人全面负责安全工作，下设专职安全员和兼职安全员。公路工程施工项目的安全生产委员会或领导小组的组织管理体系。

2. 明确各级安全管理人员的责任

各地要依法采取措施，分层次明确安全生产责任主体，逐级落实安全生产责任。要突出施工企业主体责任，特别要突出企业负责人、项目负责人的第一责任人的责任。要建立安全生产责任考核评价办法，构建有交通特点的建设安全生产防控体系。各地可结合国家和地方人民政府确定的安全生产控制指标要求，制定本地区交通建设安全生产控制指标。

安全生产责任制要明确各级安全管理人员的责任。首先成立施工安全领导小组，即以项目经理为施工安全第一责任人，下设以项目经理为组长，成员以安全管理部门负责人为主，由各管理部门负责人参加的施工安全领导小组，负责监督安全施工，制定安全生产管理措施及方法，是工程施工安全的最高领导机构，有权处理一切违章行为。项目经理作为施工安全管理第一责任人，应对公路工程项目施工过程中的劳动保护和安全生产工作负具体的领导和经济责任。领导并编制本项目安全生产管理的目标以及措施，建立安全生产保障体系，确定安全生产管理职能。安全管理部门负责人为施工安全的重要责任人，负责施工实施安全规章和落实全面的安保工作。专职安全员以各施工班组专业安全员为成员，具体负责日常的安全工作。检查施工现场的安全隐患，对不穿工作服、不戴安全帽上工地以及高空作业不系安全带等违章行为进行纠正和处罚，同时，负责爆破、拆除、混凝土及土方施工过程中人及设备的安全和防护工作。而兼职安全员的责任不容忽视，负责具体落实分部工程、各工序的安全检查和督促工作，把安全隐患消除在萌芽状态。项目施工员对所管辖工程的安全生产负直接责任。坚决贯彻有关的安全生产技术措施和施工组织设计中规定的安全措施，对违章作业的班组和个人及时提出批评和防范措施，防止事故的发生。

（二）提高企业安全教育培训质量

安全教育培训是企业安全管理工作的重要组成部分，是企业安全管理系统工程中极为重要的一个子系统。对员工进行安全教育培训是企业保证安全生产，提高员工安全防范意识和能力的重要措施。而安全教育就其本身来说，是以企业实现安全生产为最终目标，按照一定的程序和要求对企业每个岗位员工的心理、思想意识及日常行为加以规范和影响的系列活动。当前，随着我国产业水平的不断升级，企业的整体装备水平也在不断提高，由此也给安全教育这项理论化、系统化的工作提出了新的要求。所以，探索安全教育工作的创新，是摆在安全管理工作者面前亟待解决的课题。

从对企业的安全教育现状的调查分析，公路施工企业安全教育质量不高，培训的内容没有针对性，视安全教育为一种形式。针对这些问题，提出以下五项措施：

1. 健全的安全教育培训责任制

首先要建立健全的安全教育培训责任制，明确安全教育责任，落实安全教育培训制度。明确施工现场各级教育培训的责任，并加强对责任主体的监督和考核，对考核不合格的责任人进行换岗或清退；确立安全教育培训的实施责任人，同时，要注意培养安全教育实施责任人的职业素养和责任感；还要明确现场安全教育接受者的主体——施工现场全体人员。

2. 安全培训教育要遵循的原则

（1）"三步骤"的原则

施工安全教育培训可分为安全生产思想教育、安全知识教育、安全技能教育培训三个步骤。安全生产思想教育即通过安全生产思想路线和方针政策的教育，提高各级领导、管理干部和广大职工的政策水平，使其严肃认真地执行安全生产方针、政策、法律；安全知识教育就对企业的基本生产概况、施工工艺、机械设备、高处作业、脚手架工程、模板工程、临时用电工程、文明施工、消防器材应用等安全基本知识的学习；安全技能教育是结合公路施工专业特点，实现安全操作、安全防护所必须具备的基本技术知识的教育。

（2）经常性培训原则

当今是新知识、新材料、新技术在各行业应用速度极快的时代，不断更新思想，更新观念，更新知识，更新技术，是各行各业生存发展的需要，不更新就意味着倒退，就意味着淘汰。因此，要进行经常性培训。还要把经常性的安全教育培训贯穿于企业员工工作的全过程，贯穿于每个工程施工的全过程，贯穿于公路施工企业生产活动的全过程中。

（3）广泛性原则

所谓广泛性就是说在进行安全教育时要保证每一个从业人员都能受到教育。要做到这一点首先要抓好对企业管理者、领导者的安全教育，提高企业管理者的安全意识和安全素养，然后建立覆盖企业全体人员的安全教育培训体系。即公路施工企业所有从事生产活动的人员，从企业经理、项目经理，到一般管理人员及一线作业人员，都必须严格接受安全教育，全力形成全员、全过程、全企业的安全意识。

（4）理论联系实践的原则

进行安全教育最终目的是对事故的防范，因此，安全教育培训工作要密切结合公路施工生产生活实际，保证其能真正服从和服务于安全生产这个中心，使其为安全生产提供智力支持和思想保证。

（5）大众化原则

公路施工的从业人员大多数都是农民工，文化水平不高。如果安全教育用很专业性的语言，他们听不懂也不明白，最终导致他们失去兴趣并产生抵触情绪。因此，安全教育培训工作要做到"通俗易懂"，尽量用浅显的语言和方式进行教育。

（6）创新性原则

创新，就是要做到勇于探索，开拓进取，不断探索安全教育培训的新思路、新方法。在坚持"与时俱进"的同时，更要坚持贯彻"发展就是硬道理"，以保持创新的连续性和持久性。

3. 安全培训教育的内容应具有的特征

通常安全培训的内容包括安全知识培训、安全操作技能培训、安全思想教育等。但是也不能无论什么工种、岗位都学同样知识，因此，要因地适宜地选取安全培训教育内容。而且选取须遵循以下两个原则：

（1）安全培训教育的内容要适应需求，首先，要适应各层次的需求，包括组织的需求、岗位的需求、个人的需求。比如说，不同的公路施工阶段具有各自的不安全因素，如：隧道施工和桥梁施工两个不同的岗位需要注意的安全隐患大不相同。其次，适应不同时期的需求，包括目前的急需和中长期发展的需求。如因季节或气温变化而产生的新的不安全因素。在施工现场，雨季施工中安全隐患危害程度和类型要远远大于平时；高温条件下施工中的安全隐患危害程度和类型要远远大于常温条件下的施工。如因雨季施工产生边坡的不稳定甚至坍塌，高温下施工产生的中暑等。

（2）安全培训的内容要有超前性。培训内容不但要体现针对性，要应付眼下急需，同时还要具备超前性，所选内容，无论知识还是技能，要站在当今科技发展、管理运作的前沿领域。所以，安全培训的内容，要针对不同的工种，不同的从业人员，不同的时间需要有不同的培训内容。

4. 改善安全培训教育的方法

传统的安全培训教育主要是采用理性灌输法，这是用得最多的一种教育方法，从理性角度向受教育者传授安全理论和方法，引导人们理解国家安全生产方针、法律法规和政策以及企业的安全生产规章制度等，掌握预防、改善和控制危险的手段和方法。这种教育方法虽然具有系统性、理论性，但是会让人感觉到枯燥乏味，无法调动学习者的积极性。因此，提出以下几种安全培训教育的方法以供选择：

（1）互动、交流式的感性教育法

互动式安全教育培训法使教师的主导作用、学员的主体地位能够得以充分发挥和实现。采用互动式教学，能置教和学于研究探讨的氛围之中，不同的人对同一问题有不同的看法，而用开放、互动的方式就能谈谈自己的观点和意见，畅谈自己的想法和做法，同大家一起探讨，听取别人的经验和体会，互相启发，相互学习。整个学习氛围十分轻松，学员也可以将平时遇到的难题讲出与学友们交流、探讨。该方法的优点主要就是能够充分调动学员的积极性，让学员充分发表自己的见解，有利于深化主题，提高大家对某一问题的认识程度。最后再由教师进行归纳和总结，以便达到更好的培训效果。

（2）理性灌输法和案例培训相结合的办法

案例培训法是用一定视听媒介，如文字、图片、视频等，所描述的客观存在的真实情景。针对公路施工农民工文化素质较低的情况，该法比较适用。通过把历史上发生过的公路施工事故进行分类整理，并把各种事故发生的原因，以及如何防范，发生事故后如何处理等一一列出，给从业人员的感觉就是直观、通俗易懂、记忆深刻。但它也有不足之处：案例数量有限，并不能满足每个问题都有相应案例的需求。因此，我们采用理性灌输法和案例培训法相结合的办法，既避免了理性灌输法的枯燥乏味又能学到更多的安全知识，也弥补了案例有限涉及的安全知识不能满足需要的情况。

（3）采用"直观教学法"

形象直观教育实际上就是通过现场、实物或模拟演示（练）迅速抓住学员的注意力，使学员有一种身临其境、课堂与现场零距离的感觉。这种培训方法可以最大限度地激发学员的学习兴趣，增强学员接受培训的积极性和主动性，从而达到最佳培训效果。其特点和作用：一是直观形象，解决了纯理论、培训内容抽象空洞问题，使学员寓教于乐，容易掌握学习内容；二是有针对性，可以根据工作或生产实际情况，突出组织某一个方面的培训，还可以灵活地选择培训项目；三是实用性强，能加深认识，特别是能弥补农民工文化水平底、基础知识不足的缺点。

安全教育培训的方法是多种多样的，各自的方法都有其优缺点，企业可以根据自己的实际情况选择适合本企业安全教育的方法。也可在以往方法的基础上发展、创新，最终找到适合本企业的安全教育培训方法。

5. 建立健全的安全培训效果监督、反馈机制

一方面，安全培训的最终目的是提高从业人员的安全素质，从而使从业人员能够在实际工作中安全生产；另一方面，从调研的情况来看，从业人员在工作中只关心行为的经济考核而不关心行为的安全后果。因此，要建立健全的安全培训效果监督以及反馈机制。

（1）要建立健全的安全培训效果监督就要完善和健全安全培训约束机制，并加强追踪检查考核。要完善和健全安全培训约束机制并加强追踪检查考核，主要从以下三方面来实现：

首先，加强对学习过程的监督考核。凡是未按照要求参加培训，培训过程中不遵守纪律，要求的培训时数没有达到的，都要按照企业的安全教育制度列入考核内容。对学习过程的考核是为了对职工相对制约，以保证学习效果。

其次，加强对学习效果的评估考核。应建立定期考核及检查制度，每次培训学习，不能光有"讲"和"学"的环节，而没有"考"即"效果评估"的环节。评估的内容可以在培训完后通过问卷、总结、组织交流的方式听取职工对培训的反应，以及对培训内容、

技能的吸收掌握程度，对培训人员获得效果方面进行检验评价，并存入个人培训档案。也可按不同的考核项目，按年、季、月进行逐项考核及检查来评估其安全教育的效果。

最后，要加强对培训结果的激励。尽快建立企业干部职工安全教育培训的激励机制，安全教育工作不能局限在办班、开讲座、单纯搞培训上，要把安全教育培训的结果与干部职工的提拔和使用、职工的竞岗以及对干部职工的安全管理、安全监督有机结合起来，贯穿到企业干部职工的述职、评议、考核等管理环节中去，使之成为促进干部职工安全学习的有效手段，进而提高企业干部职工安全教育培训的工作质量和效果。

（2）建立反馈机制

安全培训的反馈机制可以准确地掌握安全培训在实际工作中的具体效果。通过对安全教育的评估找到现阶段安全教育培训的不足之处，及时反馈回去以便能及时发现并纠正安全培训中的错误和偏差，进而对整体安全培训计划、内容、方法等进行修改和进一步完善。

（三）提高企业的安全文化水平

1. 建设安全文化的原则

企业安全文化是企业全体人员在安全生产过程中创造的物质和精神的总和。

任何企业都要面对安全生产工作，对安全生产都有一定的认识和保证措施。因此，企业安全文化没有"有"和"没有"之分，只有"优"和"劣"之分。但是，随意的发展，虽然也有文化的因素，不过是消极的、无凝聚力的。也就是说，良好的企业安全文化不是自然而然地得来的，需要企业有目的地去建设，而且，建设企业安全文化是一个过程，这个过程中必须遵循一些原则。

（1）安全第一，预防为主，遵章守纪

企业安全文化是企业全体人员的内在安全文化素质及其外在表现，主要标志是企业全体人员的安全价值观念、思维方式和行为规范。安全价值观念和思维方式是全体人员内在安全文化素质的主要内容，行为规范是全体人员的安全文化素质外在表现的主要内容。企业文化建设需要自上而下地灌输，有必要将安全第一的安全价值观念，预防为主的思维方式以及遵章守纪的行为规范作为灌输的主要内容。

（2）实事求是，注重实效

企业安全文化建设是一个从低级向高级循序渐进的发展过程，一般来说，首先应加强行为规范的建设；其次是强化企业安全文化的物质系统的建设；最后是提炼形成安全价值的观念。企业安全的价值观一旦形成并被全体职工接受，即具有一定的稳定性，安全生产就有了核心的指导思想，企业安全文化建设又推进到了新的阶段。将企业安全文化建设分为若干阶段，提出每个阶段的目标、任务、内容和对策措施，体现了实事求是、注重实效的原则。

（3）全员参与，通力协作

企业安全文化是全体人员安全价值观念、思维方式、行为规范的总和，企业领导的观念和行为只是榜样的作用，并不是企业安全文化的主流。而且，企业安全文化的水平与职工的参与程度有十分密切的关系。没有职工的参与或者参与程度较低，企业安全文化缺乏群众基础，不能认为是良好的安全文化，其作用和影响是肤浅的。通力协作要求各部门将企业安全文化建设摆在议事日程上，各负其责并相互沟通。

（4）坚持继承和变革

任何一个企业，都不可能割断其自身的文化传统，都必须在继承的基础上发展。企业的安全生产工作，总有其经验和精华，同时也有其不良习惯、糟粕。企业在其安全文化建设中理性地分析、归纳、总结本企业安全生产工作的精华，将其纳入企业安全文化建设规划的内容，并付诸实施，使其在新的企业安全文化体系中获得新的生命力。在企业安全文化建设中，继承和变革不是可以分开的两个独立部分，也不是互有先后的"两步走"，而是在内容上相互交叉、交融，在时间上同步进行的。通过继承与变革，企业安全文化体系将更完整和更有活力。

2. 建设施工企业安全文化的主要措施

在了解了安全文化建设的原则上，提出针对施工企业安全文化问题的改善措施：

（1）打造企业安全文化工作氛围

营造施工企业安全文化氛围，是一项涉及面很广、持续时间很长，是一项长期而艰苦的任务，而且是业务量很大的工作。

首先，要树立"以人为本"的安全文化理念。现代企业安全文化涉及全体员工的安全素质，是建立在"以人为本"的理念上的。由于安全文化对人的影响是多层次的，因此不可能在短期内产生明显的、根本的效果，只有通过各种手段对人进行熏陶、培养和塑造形成一种安全文化的氛围，促使人的安全意识产生质的飞跃。

其次，安全文化氛围的营造要结合公路施工企业的实际，公路施工企业都有行业的共同特性，安全文化氛围的营造策略途径、方法均可以相互借鉴。但是，每个施工企业都有其自身的实际情况，必须从本企业的实际出发，使安全文化氛围完全切合本企业的实际。一方面，要合施工安全工作的实际需求，不要凭空臆造、虚构妄建；另一方面，要结合本企业的传统、优良的传统做法和习惯，是安全文化氛围的营造基础；不良的传统习惯习俗，需要逐渐改进。

再次，要营造安全氛围还得宣传。各施工企业利用信息简报、展窗等方式，向员工普及安全知识，宣传安全生产的先进事迹，使员工耳濡目染，帮助他们建立生产过程中的安全意识，培养安全生产的良好习惯，促进安全观念深入人心。

最后，安全文化氛围的内容和形式需要不断创新改进。当今是新知识、新材料、新技术在各行业应用速度极快的时代，不断更新思想，更新观念，更新知识，更新技术，就会有新的安全法规、政策产生。而这些新的法规、新的政策需要宣传，新的问题、新的对策需要了解，因此，需要不断改进安全文化氛围的内容以及形式，以适应新的发展。

（2）将安全文化建设融合于施工企业总体文化和各项工作中

首先，安全文化是企业文化建设的重要组成部分。安全文化建设必须融合于施工企业文化，还要依赖于企业文化这个基础，没有企业文化的发展，企业安全文化也就没有了根基。而安全意识是安全文化的基础，因此必须加强对职工的安全素质教育，强化职工的安全意识，全面提高职工的思想素质和文化素质。

其次，安全文化建设必须融合于施工企业的各项工作中去。即在施工企业的总体理念、企业的生产目标、企业的规划、岗位责任制的制定、施工过程控制以及监督反馈等方面融入安全文化的内容。

（3）把安全文化工作纳入企业领导班子工作议事日程，加强对安全文化建设工作的直接领导，充分发挥施工企业政治思想工作的作用。由施工企业法人代表挂帅，并由党、政、工、团等部门负责人组成，负责施工企业安全文化建设工作的统筹规划，制定施工企业的安全方针和安全目标，明确各职能部门在安全文化建设的具体职责，并要做好宣传动员、督促检查、总结评价等各项工作。还把安全文化建设与政治思想工作紧密地结合起来，在施工企业全体成员中开展理想与道德的教育，提高全体成员的思想境界。同时，把安全文化融入施工企业各系统各类活动中去，使安全文化产生更广泛的效应，以深入人心。

参考文献

[1] 王义国，邹定南，李向春. 公路工程施工监理 [M]. 武汉：华中科技大学出版社，2017.

[2] 王小靖. 公路工程施工技术 [M]. 北京：中国原子能出版社，2017.

[3] 张朝晖，闫超君. 公路工程施工组织设计 [M]. 北京：中国水利水电出版社，2017.

[4] 刘文胜. 公路工程施工项目试验管理手册 [M]. 北京：中国建筑工业出版社，2017.

[5] 孟旭峰. 公路工程施工安全风险辨控手册 [M]. 北京：人民交通出版社股份有限公司，2017.

[6] 王秀敏，葛宁. 公路工程施工组织与管理 [M]. 天津：天津大学出版社，2018.

[7] 公晋芳. 公路工程施工技术 [M]. 长春：吉林教育出版社，2018.

[8] 李晓龙. 公路工程施工安全管理 [M]. 西安：西北工业大学出版社，2018.

[9] 艾芃杉，邢敬林，刘秀. 公路工程施工技术与安全管理 [M]. 延吉：延边大学出版社，2018.

[10] 任传林，王轶君，薛飞. 公路工程施工技术 [M]. 长春：吉林科学技术出版社，2019.

[11] 郝铭. 公路工程施工技术与质量控制 [M]. 北京：北京工业大学出版社，2019.

[12] 汪双杰，刘戈，纳启财. 多年冻土区公路工程施工关键技术 [M]. 上海：上海科学技术出版社，2019.

[13] 冯卡，孔德成. 公路工程施工测量 [M]. 北京：化学工业出版社，2019.

[14] 郭伟. 公路工程施工与管理 [M]. 天津：天津科学技术出版社，2019.

[15] 刘敏，张文之. 公路工程与施工管理 [M]. 长春：吉林教育出版社，2019.

[16] 李海凌，黄敬林. 公路工程计价与管理 [M]. 北京：机械工业出版社，2020.

[17] 刘慧，高永红. 农村公路养护与管理 [M]. 天津：天津科学技术出版社，2020.

[18] 葛明元. 公路建设与项目管理 [M]. 长春：吉林科学技术出版社，2020.

[19] 王振峰，张丽，钱雨辰. 公路工程招投标与合同管理 [M]. 武汉：华中科技大学出版社，2020.

[20] 张国祥，陈金云，张好霞. 公路与桥梁施工技术及管理研究 [M]. 北京：文化发展出版社，2020.

［21］刘勇，郑鹏，王庆. 水利工程与公路桥梁施工管理 ［M］. 长春：吉林科学技术出版社，2020.

［22］过秀成，孔德文. 多车道高速公路交通特性及运行管理方法 ［M］. 南京：东南大学出版社，2020.

［23］修林岩，阎明阳，白会杰. 公路工程建设管理 ［M］. 长春：吉林科学技术出版社，2020.

［24］彭东黎. 公路工程招投标与合同管理 ［M］. 第3版. 重庆：重庆大学出版社，2021.

［25］张涛，曲子贤，丁红林. 高速公路联调联试安全风险管理手册 ［M］. 北京：中国铁道出版社有限公司，2021.

［26］李忻忻. 公路工程经济与管理 ［M］. 北京：人民交通出版社，2021.

［27］潘凯，晁新忠，陈纪州. 公路工程经济及项目施工管理 ［M］. 北京：中国石化出版社，2021.

［28］胡栾乔，聂丽群，吴耀南. 公路桥梁工程施工与管理研究 ［M］. 北京：中国华侨出版社，2021.

［29］刘培璋，李宇，贾清柱. 高速公路养护管理与桥梁工程施工 ［M］. 北京：中国石化出版社，2021.

［30］周洪文，董德全. 山区高速公路项目管理工程实践 ［M］. 北京：人民交通出版社，2021.

［31］陈春玲，刘明，李冬子. 公路工程建设与路桥隧道施工管理 ［M］. 汕头：汕头大学出版社，2021.